Raamattua lyhyesti

Seppo Johansson

Raamattua lyhyesti

Suuri taistelu hyvän ja pahan välillä

Seppo Johansson, 2022 ©

ISBN: 978-952-80-4967-8

Toinen painos

Kirjoittajan kotisivut: www.sananmiekka.fi

Taitto: Pekan painopinta

Kustantaja: BoD-Books on Demand, Helsinki, Suomi

Valmistaja: BoD-Books on Demand, Norderstedt, Saksa

Raamatuntekstit ovat kursivoituja

Raamatun tekstit, ellei toisin mainittu on otettu Suomen evankelisluterilaisen kirkon vuonna 1992 käyttöönottamasta suomennuksesta. Suomennoksen tekijän oikeudet omistaa kirkon keskusrahasto. Käytetty luvalla.

Sisällys

Lukijalle... 7

Luku 1 Taivas - - Lusiferin lankeemus 9

Luku 2 Luominen - - Ihminen 13

Luku 3 Syntiinlankeemus - - Henok 19

Luku 4 Vedenpaisumus - - Baabelin torni 25

Luku 5 Aabraham - - Egyptin uusi kuningas 31

Luku 6 Mooses 37

Luku 7 Joosua - - Kuningas Saul 45

Luku 8 Kuningas Daavid - - Profeettoja 51

Luku 9 Ennustuksia I 57

Luku 10 Ennustuksia II 65

Luku 11 Jeesuksen syntymä - - Samarialainen nainen kaivolla ...71

Luku 12 Johannes Kastaja - - Laupias samarialainen 77

Luku 13 Ramman parantaminen - - Jeesus Getsemanessa 83

Luku 14 Jeesuksen kavaltaja Juudas - - Stefanus 89

Luku 15 Apostoli Johannes – – Pettymys 97

Luku 16 Jumalan viimeinen armon sanoma 103

Luku 17 Lopun ajan eksytyksiä – – Laodikean sanoma 109

Luku 18 Viimeisisiä tapahtumia 115

Luku 19 Tuhat vuotta – – Minä tulen pian 121

Lukijalle

Raamattu on monille tuntematon kirja, vaikka se on yleensä kaikissa kristillisten kotien kirjahyllyissä. Näin se oli myös kohdallani, kun etsin elämäntarkoitusta kymmenen vuoden ajan okkultismista. Jumala näki, että olen etsivä ihminen ja johti minut sen jälkeen erääseen hengelliseen tilaisuuteen ihmeellisellä tavalla. Siellä tulin sitten uskoon, kun Raamattu alkoi avautua Pyhän Hengen vaikutuksesta. Tästä uskoontulostani olen kirjoittanut enemmän kirjassani Suunnan muutos/Okkultistista kristityksi.

Olen kirjoittanut tämän kirjan jonkinlaiseksi lyhyeksi kertomukseksi valitsemistani Raamatun ydinkohdista ja niitä vahvistavista raamatunjakeista. Tämän kirjan tarkoituksena on antaa lukijalle jonkinlainen lyhyt kuvaus Raamatun sisällöstä ja Jumalan pelastussuunnitelmasta, jotta tämä innostaisi häntä koko Raamatun syvällisempään tutkisteluun ja vastaanottamaan Jeesus elämänsä Herraksi ja perimään ikuisen elämän.

Seppo Johansson

Luku 1
Taivas – – Lusiferin lankeemus

Alkuaan koko taivas oli synnitön ja täydellinen. Kaikki rakastivat ja kunnioittivat Jumalaa yli kaiken ja toisiaan epäitsekkäästi. Taivaallisten joukkojen ilona oli täyttää Luojansa tahtoa. Taivaassa vallitsi täydellinen sopusointu, koska rakkauden laki oli Jumalan hallituksen perustana. Se on yhtä pyhä kuin itse Jumala. Taivaan hallituksen muodostivat Isä, Poika ja Pyhä Henki. Isä oli antanut kaiken vallan Pojalleen. Heidän alaisinaan olivat kaikki enkelit, kerubit ja taivaan asukkaat. *"Taivaat julistavat Jumalan kunniaa, taivaankansi kertoo hänen teoistaan."* (Ps. 19:2). *"Taivaat julistavat Jumalan vanhurskautta. Hän on oikeuden Jumala."* (Ps. 50:6).

Luodessaan kaikki taivaalliset olennot Isä työskenteli poikansa välityksellä. Luomistyö tuli täysin valmiiksi jo maailman luomisessa, mutta Jumala käyttää yhä voimaansa elollisen maailman ylläpitämiseksi. Kristus oli kaiken luoja ja enkelijoukkojen johtaja. Enkelit säteilivät hänen läsnäolostaan ja noudattivat hänen tahtoaan pyyteettömän rakkauden innoittamana. Kristus oli koko maailmankaikkeuden ylistyksen ja kunnioituksen kohde. *"Hänen välityksellään luotiin kaikki, kaikki mitä on taivaissa ja maan päällä, näkyvä ja näkymätön, valtaistuimet, herruudet, kaikki vallat ja voimat. Kaikki on luotu hänen kauttaan ja häntä varten."* (Kol. 1:16).

Lusifer oli korkein Kristuksen luoma enkeli, täydellinen viisaudessa ja kauneudessa sekä luonteeltaan moitteeton. Hän oli lähinnä Kristusta ja kaikkien arvostama. Lusifer oli Kristuksen jälkeen Jumalan eniten kunnioittama kaikista taivaan asukkaista. Hän oli ensimmäinen kerubeista. *"Kerubiksi minä sinut tein, sädehtiväksi vartijaenkeliksi, sinä olit pyhällä vuorella, käyskentelit välkehtivien kivien keskellä. Moitteen sijaa ei sinussa ollut siitä päivästä, jona sinut loin, siihen päivään, jolloin lankesit pahaan."* (Hes. 28:14, 15).

Vähitellen Lusifer ylpistyi viisaudestaan ja kauneudestaan ja halusi tulla Kristuksen paikalle. Hän anasti itselleen sen käskyvallan, joka kuului Kristukselle. Hän oli kateellinen Kristukselle, jolle Jumala oli antanut rajattoman vallan ja herruuden. Lusifer sai viekoiteltua kolmannen osan enkeleistä puolelleen Jumalan hallitusta vastaan. *"Etkö juuri sinä sydämessäsi sanonut: "Minä tahdon nousta taivaisiin! Minä pystytän valtaistuimeni Jumalan tähtiä korkeammalle, minä tahdon istua jumalten vuorella kaukana pohjoisessa, minä nousen pilviä ylemmäksi, olen korottava itseni Korkeimman vertaiseksi. "* (Jes. 14:13, 14).

Jumala teki kaikkensa, jotta Lusifer enkeleineen katuisi kapinaansa, mutta mikään ei auttanut. Taivaassa syttyi sota: Kristus enkeleineen vastaan Lusifer enkeleineen. Lusifer enkeleineen hävisi sodan. Heitä ei heti tuhottu, vaan heidät syöstiin ulos taivaasta todistamaan luonteensa koko maailmankaikkeudelle. Lusifer sai sitten ensimmäiset ihmiset lankeamaan Jumalan laista ja näin me olemme hänen alaisiaan, sillä hän on "tämän maailman ruhtinas". Nyt hän odottaa lopullista kadotustuomiotaan tulijärvessä. Siksi hän tekee kaikkensa myös ihmisen tuhoamiseksi. *"Taivaassa syttyi sota. Mikael ja hänen enkelinsä kävivät taisteluun lohikäärmettä vastaan. Lohikäärme enkeleineen teki vastarintaa, mutta kärsi tappion, eikä sille ja sen joukolle ollut enää sijaa taivaassa. Tuo suuri lohikäärme, tuo muinaisaikojen käärme, jota kutsutaan Paholaiseksi ja Saatanaksi, tuo koko ihmiskun-*

nan eksyttäjä, syöstiin maan päälle, ja samoin syöstiin alas sen enkelit." (Ilm. 12:7–9).

Luku 2
Luominen – –
Ihminen

Alussa Jumala loi maan ja taivaan. Maa oli ennen elämän luomista autio ja vesihöyryn peittämä planeetta. Kaikkialla vallitsi pimeys ja Jumalan henki liikkui vetten yllä. Raamatusta laskien on saatu luomisen tapahtuneen noin 4000 eKr. Jumalan tarkoituksena oli luodessaan ihmiskunnan näyttää koko maailmankaikkeudelle Lusiferin luonne ja koota taivaaseen uudet asukaat, jotka ovat voittaneet paholaisen kiusaukset todistuksensa sanan kautta ja myös täyttää se vajaus, kun paholainen enkeleineen hävitetään koko maailmankaikkeudesta. Ihmiset näin ollen koetellaan jo täällä maan päällä paholaisen kiusauksia vastaan, jotta ei synny toista sotaa. *"Alussa Jumala loi taivaan ja maan. Maa oli autio ja tyhjä, pimeys peitti syvyydet, ja Jumalan henki liikkui vetten yllä."* (1. Moos. 1:1, 2). *"Mutta näinä viimeisinä aikoina hän on puhunut meille Pojassaan, jonka hän on pannut kaiken perilliseksi ja jonka välityksellä hän myös on luonut maailmat."* (Hepr. 1:2).

Ensimmäisenä luomispäivänä Jumala loi valon pimeyteen ja erotti valon pimeydestä. Näin muodostuivat päivä ja yö. Valo oli hyvä ja siksi Kristus samaisti itsensä ja sanansa valoon näyttämään tien Jumalan luo. Myös Jumalan lapsia hän kehotti olemaan maailman valona. *"Jumala sanoi: "Tulkoon valo!" Ja valo tuli. Jumala näki, että valo oli hyvä. Jumala erotti valon pimeydestä, ja hän nimitti valon päiväksi, ja pimeyden hän nimitti yöksi. Tuli ilta ja tuli aamu, näin meni ensimmäinen päivä."* (1. Moos. 1:3–5). *"Minä olen valo ja olen tullut maailmaan sik-*

13

si, ettei yksikään, joka minuun uskoo, jäisi pimeyteen." (Joh. 12:46).

Toisena luomispäivänä Jumala loi maapallon ympärillä olevan vesihöyryn väliin ilmakehän, jonka yläpuolella oleva vesihöyrykerros piti maan tasalämpöisenä ja suojasi haitalliselta avaruussäteilyltä. Ilmakehän alapuolella vesihöyry tiivistyi ilmakehän painosta vedeksi. *"Jumala sanoi: "Tulkoon kaartuva kansi vesien väliin, erottamaan vedet toisistaan". Jumala teki kannen ja erotti toiset vedet sen alapuolelle ja toiset sen yläpuolelle. Niin tapahtui, ja Jumala nimitti kannen taivaaksi. Tuli ilta ja tuli aamu, näin meni toinen päivä."* (1. Moos. 1:6–8).

Kolmantena luomispäivänä Jumala erotti maan pinnan vedeksi ja maaksi. Näin muodostuivat maat ja meret, joihin Jumala loi kasvillisuuden. Maa oli luomisen jälkeen kauttaaltaan tavattoman kaunis. Se oli koko maailmankaikkeuden ihastuksen kohde. *"Jumala sanoi: "Kokoontukoot taivaankannen alapuolella olevat vedet yhteen paikkaan, niin että maan kamara tulee näkyviin." Ja niin tapahtui. – – Jumala sanoi: "Kasvakoon maa vihreyttä, siementä tekeviä kasveja ja hedelmäpuita, jotka maan päällä kantavat hedelmissään kukin lajinsa mukaista siementä." – – Ja niin tapahtui. Tuli ilta ja tuli aamu, näin meni kolmas päivä."* (1. Moos. 1:9, 11, 13).

Neljäntenä luomispäivänä Jumala loi auringon, kuun ja tähdet näyttämään päivän, yön, vuodenajat ja vuodet. Aurinko valaisi päivää, kuu ja tähdet yötä. *"Jumala sanoi: "Tulkoon valoja taivaankanteen erottamaan päivän yöstä, ja olkoot ne merkkeinä osoittamassa määräaikoja, hetkiä ja vuosia. Ne loistakoot taivaankannesta ja antakoot valoa maan päälle." Ja niin tapahtui. Jumala teki kaksi suurta valoa, suuremman hallitsemaan päivää ja pienemmän hallitsemaan yötä, sekä tähdet."* (1. Moos. 1:14–16).

Viidentenä luomispäivänä Jumala loi vesiin kalat ja kaikki veden eläimet, suuret ja pienet, sekä ilmaan linnut. Hän loi ne lisääntymään lajiensa mukaan. Kalat täyttivät kaikki vedet väriloistollaan ja linnut koko maan riemullisella viserryksellään. *"Jumala sanoi: "Viliskööt vedet eläviä olentoja ja lennelkööt linnut ilmassa taivaankannen alla." - - Hän siunasi ne sanoen: "Olkaa hedelmälliset ja lisääntykää ja täyttäkää meren vedet, ja linnut lisääntykööt maan päällä." Tuli ilta ja tuli aamu, näin meni viides päivä."* (1. Moos. 1:20, 23).

Kuudentena luomispäivänä Jumala loi erilaiset ja erikoiset eläimet. Hän loi ne myös lisääntymään lajiensa mukaan. Eläimet olivat alun perin lauhkeita eikä niillä ollut petomaista luonnetta. Ne viihtyivät toistensa seurassa lajista riippumatta. Ruokana niillä oli maan kasvillisuus. *"Jumala sanoi: "Tuottakoon maa kaikenlaisia eläviä olentoja, kaikki karjaeläinten, pikkueläinten ja villieläinten lajit." Ja niin tapahtui. Jumala teki villieläimet, karjaeläimet ja erilaiset pikkueläimet, kaikki eläinten lajit. Ja Jumala näki, että niin oli hyvä."* (1. Moos. 1:24, 25).

Jumala loi luomistyön kruununa ensimmäisen ihmisen, Adamin, Jumalan kuvaksi, jotta hän voi heijastaa Jumalan ajatuksia ja persoonallisuutta. Ihminen oli alun perin kookas ja moitteeton. Hänen pukunaan oli valoverho, joka sitten syntiinlankeemuksessa poistui. Hän asetti Adamin luomansa kauniin maan keskelle Eedenin puutarhaan hallitsemaan ja hoitamaan sitä. Jumala antoi meille mallin siitä, millainen puutarha koko maasta oli tuleva, jossa ihminen asuisi luonnon keskellä. *"Ja Herra Jumala muovasi maan tomusta ihmisen ja puhalsi hänen sieraimiinsa elämän henkäyksen. Näin ihmisestä tuli elävä olento. Herra Jumala istutti puutarhan itään, Eedeniin, ja sinne hän asetti ihmisen, jonka oli tehnyt."* (1. Moos. 2:7).

Jumala sääti avioliiton. Hän loi Adamille elämänkumppanin hänen kylkiluustaan, kertoen sillä miehen ja naisen tasa-arvosta. Jumala vihki ensimmäisen avioparin, joten avioliitto on Jumalan säätämä asetus. Hänen tarkoituksensa oli, että se on ikuinen liitto. "*Silloin Herra Jumala vaivutti ihmisen syvään uneen ja otti hänen nukkuessaan yhden hänen kylkiluistaan ja täytti kohdan lihalla. Herra Jumala teki tästä kylkiluusta naisen ja toi hänet miehen luo.*" (1. Moos. 2:21, 22). "*He eivät siis enää ole kaksi, he ovat yksi. Ja minkä Jumala on yhdistänyt, sitä älköön ihminen erottako.*" (Matt. 19:6).

Jumala antoi ihmiselle luvan lisääntyä ja koko ihanan maan vallittavaksi ja viljeltäväksi sekä eläimet hallittavaksi. Ravinnoksi hän antoi hedelmät, pähkinät ja viljat. "*Jumala siunasi heidät ja sanoi heille: "Olkaa hedelmälliset, lisääntykää ja täyttäkää maa ja ottakaa se valtaanne. Vallitkaa meren kaloja, taivaan lintuja ja kaikkea, mikä maan päällä elää ja liikkuu." Jumala sanoi vielä: "Minä annan teille kaikki siementä tekevät kasvit, joita maan päällä on, ja kaikki puut, joissa on siementä kantavat hedelmät. Olkoot ne teidän ravintonanne.*" (1. Moos. 1:28, 29).

Seitsemäntenä luomispäivänä Jumala totesi, että luomistyö oli hänen mielestään oikein hyvä ja hän asetti sen muistoksi sapatin ja määräsi sitä vietettäväksi ikuisesti lepopäivänä. Hän siunasi ja pyhitti sapatin jumalanpalveluspäiväksi. Hän asetti sapatin ihmistä varten hänen parhaakseen. "*Ja Jumala siunasi seitsemännen päivän ja pyhitti sen, koska hän sinä päivänä lepäsi kaikesta luomistyöstään. Tämä on kertomus siitä, kuinka taivas ja maa saivat alkunsa silloin kun ne luotiin.*" (1. Moos. 2:3, 4).

Luku 3
Syntiin lankeemus
– – Henok

Jumala asetti Eedeniin kuuliaisuuden, uskon ja rakkauden koetinkiveksi puun, jonka kauniita hedelmiä ei ollut lupa syödä kuoleman rangaistuksen uhalla. *"Käärme oli kavalin kaikista eläimistä, jotka Herra Jumala oli luonut. Se sanoi naiselle: "Onko Jumala todella sanonut: 'Te ette saa syödä mistään puutarhan puusta'?" Nainen vastasi käärmeelle: "Kyllä me saamme syödä puutarhan puiden hedelmiä. Vain siitä puusta, joka on keskellä paratiisia, Jumala on sanonut: 'Älkää syökö sen hedelmiä, älkää edes koskeko niihin, ettette kuolisi."* (1. Moos. 3:1–3).

Ihminen kuitenkin lankesi Lusiferin houkuttelemana syntiin ja joutui kuoleman omaksi. Lusiferillä oli lupa lähestyä ensimmäistä ihmisparia vain hyvän ja pahantiedon puun läheisyydessä. Hän otti käärmeen muodon, sillä käärme oli silloin kaunis siivekäs olento, joka lensi ilmassa ja söi ravinnokseen hedelmiä. Näin saatana lumosi Eevan. Aadam ymmärsi Eevan rikkomuksen ja sen seurauksen. Hän rakasti Eevaa niin paljon, että hän päätti jakaa Eevan kohtalon. Näin joutui myös koko ihmissuku saatanan hallintaan. *"Silloin käärme sanoi naiselle: "Ei, ette te kuole. Mutta Jumala tietää, että niin pian kuin te syötte siitä, teidän silmänne avautuvat ja teistä tulee Jumalan kaltaisia, niin että tiedätte kaiken, sekä hyvän että pahan." Nainen näki nyt, että puun hedelmät olivat hyviä syödä ja että se oli kaunis katsella ja houkutteleva, koska se antoi ymmärrystä. Hän otti*

*siitä hedelmän ja söi ja antoi myös miehelleen, joka oli hänen
kanssaan, ja mieskin söi."* (1. Moos. 3:4-6).

Jumala rakasti luomaansa ihmistä ja lupasi pelastaa hänet
iankaikkiselta kuolemalta Jeesuksen sovitustyön kautta.
Isälle ei kelvannut lunastustyöksi enkelien kuolema vaan ai-
noastaan Jumalan Pojan ihmiseksi tuleminen, kärsiminen ja
kuolema. Näin koko maailmankaikkeuden kuningas Jeesus
Kristus rakasti luomaansa ihmistä niin paljon, että hän alis-
tui vapaasta tahdostaan kuolemaan jokaisen ihmisen puo-
lesta, joka ottaa hänet omaksi Vapahtajakseen. *"Ja minä
panen vihan sinun ja naisen välille ja sinun sukusi ja hänen
sukunsa välille: ihminen on iskevä sinun pääsi murskaksi, ja
sinä olet iskevä häntä kantapäähän."* (1. Moos. 3:15).

Kun Adamilta ja Eevalta syntiinlankeemuksen seurakse-
na katosi valoverho, Jumala teki tilalle nahasta vaatteet an-
taen näin heille esikuvan Jeesuksen uhrikuolemasta eläi-
men kautta ja ajoi heidät pois paratiisista. Näin kuolema
tuli ensimmäisen kerran tunnetuksi muistuttamaan synnin
vakavuudesta. Maa tuli synnin seurauksena kirotuksi ja sik-
si hän antoi heille myös vihannekset ravinnoksi. *"Ja Herra
Jumala teki Adamille ja hänen vaimolleen nahasta vaatteet ja
puki heidät niihin. - - Niin Herra Jumala ajoi ihmisen pois
Eedenin puutarhasta ja pani hänet viljelemään maata, josta
hänet oli tehty. Hän karkotti ihmisen ja asetti Eedenin puutar-
han itäpuolelle kerubit ja salamoivan, leimuavan miekan var-
tioimaan elämän puulle vievää tietä."* (1. Moos. 3:21, 23, 24).

Adamille ja Eevalle syntyi kaksi poikaa: Abel ja Kain, jotka
olivat erilaisia luonteeltaan. Abel rakasti Jumalaa ja oli hä-
nelle uskollinen. Kain oli puolestaan kapinallinen ja napisi
Jumalaa vastaan, koska tämä oli kironnut maan ja ihmissu-
vun Adamin synnin vuoksi. *"Mies yhtyi vaimoonsa Eevaan,
ja Eeva tuli raskaaksi ja synnytti Kainin. Eeva sanoi: "Minä
olen Herran avulla saanut poikalapsen." Sitten hän synnytti*

Kainille veljen, Abelin. Abelista tuli lammaspaimen ja Kainis-ta maanviljelijä." (1. Moos. 4:1, 2).

Kain tappoi Abelin, koska Jumala ei hyväksynyt hänen uh-riaan, maan satoa, vaan Abelin eläinuhrin, jonka Jumala oli määrännyt kuvaamaan Kristuksen sovitusuhria. Kain ja Abel edustivat kahta ihmisluokkaa, uskovia ja jumalattomia, joita tulisi olemaan ihmisen lankeemuksesta Jeesuksen toi-seen tulemukseen asti. *"Kerran Kain toi Herralle uhrilahjak-si maan satoa ja Abel toi lampaidensa esikoiskaritsoja ja nii-den rasvaa. Herra katsoi suopeasti Abeliin ja hänen uhriinsa, - - Herra kysyi Kainilta: "Miksi sinä suutuit ja katselet synk-känä maahan? Kain sanoi veljelleen Abelille: "Lähde mukaa-ni." Mutta kun he olivat kulkeneet jonkin matkaa, Kain kävi veljensä Abelin kimppuun ja tappoi hänet."* (1. Moos. 4:3, 4, 6, 8).

Adamille ja Eevalle syntyi vielä poika Seet, joka oli Aabelin tavoin uskollinen Jumalalle. Hänen jälkeläisistänsä tuli Ju-malan palvelijoita. Myöhemmin Aadamille ja Eevalle syntyi lisää poikia ja tyttäriä. Adam eli 930 vuotta, jonka jälkeen Jumala joutui ihmisten pahuuden takia lyhentämään ihmi-sen elinikää. *"Adam yhtyi taas vaimoonsa, ja tämä synnytti pojan. Eeva antoi hänelle nimen Set ja sanoi: "Jumala on suo-nut minulle uuden jälkeläisen Abelin sijaan, jonka Kain tap-poi."* (1. Moos. 4:25). *"Setin syntymän jälkeen Adam eli vielä 800 vuotta, ja hänelle syntyi sinä aikana lisää poikia ja tyttä-riä."* (1. Moos. 5:4).

Jumalattomuudesta huolimatta maan päällä oli kuitenkin Jumalan palvelijoita. Seetin jälkeläisistä syntyi Henok, joka oli Jumalalle erityisen antautunut ihminen. Jumala rakasti häntä siksi niin paljon, että otti hänet elävänä ensimmäise-nä ihmisenä taivaaseen ennen vedenpaisumusta kuolemaa kokematta. Hän edustaa niitä, jotka uskossa turvautuvat Jee-sukseen ja uskollisesti tottelevat häntä. Hän on esikuva niistä, jotka otetaan taivaaseen elävinä kuolemaa kokematta maailman lopussa Jeesuksen takaisintullessa. "*Metuselahin syntymän jälkeen Henok eli vielä 300 vuotta vaeltaen aina Jumalan tahdon mukaisesti, ja hänelle syntyi lisää poikia ja tyttäriä. Henok eli kaikkiaan 365 vuotta. Hän vaelsi kuuliaisena Jumalalle. Sitten häntä ei enää ollut, sillä Jumala otti hänet luokseen.*" (1. Moos. 5:22–24).

Luku 4
Vedenpaisumus – –
Baabelin torni

Kun Jumalan lapset ja maailman lapset sekaantuivat avioliittojen kautta toisiinsa, niin epäjumalanpalvelus ja pahuus lisääntyivät ja siksi Jumala antoi ihmiskunnalle 120 vuotta armonaikaa tehdä parannus. *"Kun ihmiset alkoivat lisääntyä maan päällä ja heille syntyi tyttäriä, jumalien pojat huomasivat, että ihmisten tyttäret olivat kauniita, ja he ottivat näistä vaimoikseen keitä halusivat. Herra sanoi: "Minä en anna elämän hengen asua ihmisessä miten kauan tahansa. Ihminen on lihaa, heikko ja katoavainen. Olkoon siis hänen elinikänsä enintään satakaksikymmentä vuotta."* (1. Moos. 6:1–3).

Ihmisten pahuus vain lisääntyi ja Jumala katui, että oli luonut ihmisen. Siksi Jumala päätti toteuttaa ihmisten ja eläinten hävittämisen maan päältä vedenpaisumuksella. Maailmassa oli kuitenkin joitakin ihmisiä, jotka kunnioittivat ja tottelivat Jumalaa. *"Kun Herra näki, että ihmisten pahuus lisääntyi maan päällä ja että heidän ajatuksensa ja pyrkimyksensä olivat kauttaaltaan pahat, hän katui, että oli tehnyt ihmisen, ja murehti sitä sydämessään. Ja Herra sanoi: "Minä pyyhin maan päältä ihmisen, jonka olen luonut, ja ihmisen mukana karjaeläimet, pikkueläimet ja taivaan linnut, sillä minä kadun, että olen ne tehnyt."* (1. Moos. 6:5–7).

Jumala valitsi toista sataa vuotta aikaisemmin ennen vedenpaisumusta hartaimman hurskaan ihmisen, Nooan, jolle Jumala antoi tehtäväksi julistaa parannusta ja rakentaa vedenpaisu-musta varten arkin, johon parannuksen tehneet ihmiset voi-sivat pelastua. Jumalattomat ihmiset eivät uskoneet veden-paisumuksen mahdollisuuteen vaan he pilkkasivat Jumalaa. *"Tämä on kertomus Nooasta ja hänen suvustaan. Nooa oli ai-kalaistensa joukossa oikeamielinen ja nuhteeton ja hän vaelsi Jumalalle kuuliaisena. - - Jumala sanoi Nooalle: "Minä olen päättänyt tehdä lopun kaikesta elollisesta, sillä maa on ihmis-ten takia täynnä väkivaltaa. Minä hävitän heidät ja maan hei-dän kanssaan. Tee itsellesi arkki."* (1. Moos. 6:9, 13, 14).

Vain Nooa perheineen uskoi Jumalaa ja meni arkkiin. Nooa sai Jumalalta myös määräyksen koota arkkiin seitsemän pa-ria puhtaita eläimiä ja yksi pari epäpuhtaita eläimiä. Tämän tehtävän suorittivat enkelit. Dinosauruksia ja mammutteja ei ilmeisesti otettu arkkiin. *"Ota kaikkia uhrikelpoisia karja-eläimiä seitsemän paria, uroksia ja naaraita, mutta kaikkia epäpuhtaita karjaeläimiä ota kaksi, uros ja naaras. Myös tai-vaan lintuja ota seitsemän paria, uroksia ja naaraita, että nii-den suku jatkuisi maan päällä."* (1. Moos. 7:2 ,3).

Vedenpaisumuksessa ilmakehän päällä oleva vesihöyry satoi maan päälle ja maan vesilähteet aukenivat. Koko maa peit-tyi vedestä, ja ihmiset sekä eläimet hukkuivat. Monet, jotka olivat herjanneet Jumalaa, katuivat, mutta liian myöhään. Näin tulee tapahtumaan myös maailman lopussa tulen kaut-ta, mutta siitä myöhemmin. *" Sinä vuonna, jona Nooa täyt-ti kuusisataa vuotta, vuoden toisen kuukauden seitsemäntenä-toista päivänä, puhkesivat kaikki syvyyden lähteet ja taivaan ikkunat aukenivat. - - Näin Herra pyyhkäisi maan päältä kaikki elävät olennot, ihmiset, karjaeläimet, pikkueläimet ja linnut; kaikki ne hän pyyhkäisi pois. Jäljelle jäivät vain Nooa sekä ne, jotka olivat hänen kanssaan arkissa."* (1. Moos. 7:11, 23).

Vedenpaisumuksessa maa muuttui tasalämpöisestä maasta

navoiltaan kylmäksi maaksi. Vedet kerääntyivät valtameriksi ja osa maista korkeiksi vuoriksi. Olosuhteet maan päällä muuttuivat täysin. Kasvillisuus, eläimet ja ihmiset hautautuivat maan sisään öljykentiksi ja fossiileiksi. Vedenpaisumus antaa todella hyvän kuvan siitä, miksi nykyisin on korkeita vuoristoja ja suuria valtameriä, miksi löydetään suuria fossiiliesiintymiä korkeilta vuorilta, miksi myös navoilla on laajoja öljykenttiä jne. Vedenpaisumusta kesti sataviisikymmentä päivää, jonka jälkeen maa alkoi kuivua. *"Vedet vähenivät vähenemistään kymmenenteen kuuhun saakka, ja kymmenennen kuun ensimmäisenä päivänä tulivat vuorten huiput näkyviin. - - Toisen kuun kahdentenakymmenentenä seitsemäntenä päivänä maa oli kokonaan kuiva."* (1. Moos. 8:5, 14).

Arkki ajautui sateen jälkeen Araratin vuoristoon, jossa Nooa perheineen ja eläimineen sai poistua arkista. Jumala asetti sateenkaaren merkiksi ja todistukseksi tuleville sukupolville siitä, ettei koskaan enää tule uutta vedenpaisumusta. Sen on laskettu Raamatun perusteella tapahtuneen noin 2500 v. eKr. *"Kun annan pilvien nousta taivaalle ja sateenkaari näkyy pilvissä, muistan liiton, jonka olen tehnyt kaikkien elävien olentojen, kaiken elollisen kanssa: vedet eivät enää koskaan paisu tuhotulvaksi hukuttamaan kaikkea elävää."* (1. Moos. 9:14, 15).

Nooa rakensi heti Jumalan varjeluksesta Araratin vuorelle alttarin, jossa hän uhrasi uhrikelpoisia eläimiä kiitosuhrina, mikä esikuvasi Kristuksen uhria. Nooa eli kaikkiaan 950 vuotta. *"Sitten Nooa rakensi alttarin Herralle, otti kaikkia uhrikelpoisia karjaeläimiä ja uhrikelpoisia lintuja ja uhrasi ne polttouhrina alttarilla. Ja kun Herra tunsi uhrisavun tuoksun, hän sanoi mielessään: "Minä en enää koskaan kiroa maata ihmisen tähden, vaikka ihmisen ajatukset ja teot ovat pahat nuoruudesta saakka, enää en hävitä kaikkea elävää, niin kuin tein".* (1. Moos. 8:20, 21).

Maapallon olosuhteet muuttivat vedenpaisumuksen seurauksena ja siksi Jumala antoi kasvisravinnon lisäksi ihmisille myös luvan syödä uhrikelpoisten eläinten lihaa. Uhrikelpoisia eläimiä olivat märehtivät karjaeläimet, kalat, kanalinnut ja määrätyt pikkueläimet. Saastaisten eläinten lihan syönnin Jumala kielsi. *"Nämä ovat ne nelijalkaiset eläimet, joita saatte syödä: nauta, lammas ja vuohi, peura, gaselli, metsäkauris, villivuohi, vuorikauris ja antiloopit sekä ne nelijalkaiset, joilla on kaksijakoiset sorkat ja jotka märehtivät ruokansa."* (5. Moos. 14:4-6). *"Saatte syödä kaikkia vesieläimiä, joilla on evät ja suomut".* (5. Moos. 14:9).

Nooan pojista: Seem, Haam ja Jaafet, polveutuivat maailman kansat. Vedenpaisumuksen jälkeen luonnon olosuhteiden muututtua Jumala lyhensi ihmisen eliniän vähitellen nykyisen pituiseksi. *"Hän sanoi: - Kirottu olkoon Kanaan, tulkoon hänestä veljiensä orjienkin orja. Ja hän sanoi vielä: - Kiitetty olkoon Herra, Seemin Jumala, ja Kanaan olkoon Seemin orja. Tehköön Jumala laajaksi Jafetin suvun, ja saakoon se asua myös Seemin majoissa, ja Kanaan olkoon heidän orjansa."* (1. Moos. 9.25-27).

Ihmiset lisääntyivät maan päällä ja heillä oli sama kieli. He alkoivat rakentaa Babylonin kaupunkia ja tornia asuakseen yhdessä ja välttyäkseen uudelta vedenpaisumukselta. He eivät uskoneet Herran lupaukseen, että ei tule enää uutta vedenpaisumusta, josta oli merkkinä sateenkaari. *"Koko maailma käytti samoja sanoja ja puhui yhtä kieltä. Kun ihmiset siirtyivät itään, he löysivät Sinearin maasta tasangon ja jäivät sinne asumaan. - - He sanoivat: "Rakentakaamme itsellemme kaupunki ja torni, joka ulottuu taivaaseen asti. Sillä tavoin saamme mainetta emmekä myöskään hajaannu yli koko maan".* (1. Moos. 11:1, 2, 4).

Koska Baabelin tornin rakentaminen oli Jumalan lupausta ja tarkoitusta vastaan, Jumala tuhosi sen ja sekoitti ihmisten kielet. Näin he erosivat toisistaan ja hajaantuivat ympäri maailmaa. *"Herra tuli katsomaan kaupunkia ja tornia, jota ihmiset rakensivat, ja sanoi: "Siinä he nyt ovat, yksi kansa, jolla on yksi ja sama kieli. Tämä, mitä he ovat saaneet aikaan, on vasta alkua. Nyt he pystyvät tekemään mitä tahansa. - - Ja niin Herra hajotti heidät sieltä kaikkialle maailmaan, ja he lakkasivat rakentamasta kaupunkia. Kaupunki sai nimen Babylon, sillä siellä Herra sekoitti ihmisten kielen ja sieltä hän hajotti heidät kaikkialle maailmaan".* (1. Moos. 11:5, 6, 8, 9).

Luku 5
Aabraham – –
Egyptin uusi
kuningas

Ihmisten pahuus lisääntyi ja Jumala kutsui noin 2000 vuotta eKr. hurskaan ja arvostetun Aabrahamin kertomaan ihmisille Jumalasta ja lupasi siunata häntä luvatulla maalla ja suurella kansalla. Uskon kautta Aabraham lähti matkalle Kaldean Urista Kanaanin maahan. " *Jumala kutsuu Abramin. Herra sanoi Abramille: "Lähde maastasi, asuinsijoiltasi ja isäsi kodista siihen maahan, jonka minä sinulle osoitan. Minä teen sinusta suuren kansan ja siunaan sinua, ja sinun nimesi on oleva suuri ja siinä on oleva siunaus".* (1. Moos. 12:1, 2).

Jumala tuhosi Sodoman ja Gomorran sen syntitaakan takia. Tuho oli esikuva maailman tuhosta ajan lopussa Ainoastaan vanhurskaan Aabrahamin veljenpojan Lootin tyttärineen Jumala pelasti sieltä. *"Herra antoi sataa taivaasta tulta ja tulikiveä Sodoman ja Gomorran päälle. Hän tuhosi nämä kaupungit ja koko tasangon sekä kaupunkien kaikki asukkaat ja maan kasvitkin. – – Aamulla Abraham meni paikalle, jossa oli seissyt Herran kasvojen edessä. Hän katseli Sodoman ja Gomorran suuntaan ja yli koko tasangon, ja silloin hän näki, että maasta nousi savua kuin polttouunista".* (1. Moos. 19:24, 25, 27, 28).

Jumala koetteli jälleen Aabrahamin uskoa kovalla kokemuksella. Hän sai käskyn Jumalalta uhrata oma ainoa poikansa Iisak polttouhrina Herralle. Aabraham totteli, koska hän luotti Jumalan lupaukseen siitä, että Iisakista polveutuu suuri kansa ja että Herra valitsee polttouhriksi karitsan. *"Kun näistä tapahtumista oli kulunut jonkin aikaa, Jumala tahtoi koetella Abrahamia ja sanoi hänelle: "Abraham!" Abraham vastasi: "Tässä olen." Ja Jumala sanoi: "Ota mukaasi ainoa poikasi Iisak, jota rakastat, lähde Morian maahan ja uhraa hänet siellä polttouhriksi vuorella, jonka minä sinulle osoitan".* (1. Moos. 22:1, 2).

Herra keskeytti uhraamisen, koska Aabraham oli kuuliainen Jumalalle ja valitsi oinaan uhriksi. Aabrahamin uhri oli esikuva Jumalan ainoan Pojan uhrista. *"Herran enkeli sanoi: "Älä koske poikaan äläkä tee hänelle mitään. Nyt minä tiedän, että sinä pelkäät ja rakastat Jumalaa, kun et kieltäytynyt uhraamasta edes ainoaa poikaasi." Ja kun Abraham katsoi ympärilleen, hän huomasi oinaan, joka oli sarvistaan takertunut pensaikkoon. Abraham kävi hakemassa oinaan ja uhrasi sen polttouhriksi poikansa sijasta."* (1. Moos. 22:12, 13).

Abrahamin pojan Isakin poika Jaakob joutui pakomatkalle kodistansa petoksensa takia, jossa hän oli petoksella hankkinut esikoisoikeuden veljeltään Eesaulta. Matkalla takaisin kotiinsa hän kohtasi Herran, joka lupasi siunata häntä suurella kansalla ja maailman Vapahtajalla. *"Yöllä Jaakob näki unessa portaat, jotka ulottuivat maasta taivaaseen, ja Jumalan enkelit kulkivat niitä ylös ja alas. Sitten hän näki, että Herra seisoi hänen vieressään ja sanoi: "Minä olen Herra, isäsi Abrahamin Jumala ja Iisakin Jumala. Tämän maan, jolla sinä makaat, minä annan sinulle ja sinun jälkeläisillesi. Sinun ja sinun jälkeläistesi saama siunaus tulee siunaukseksi kaikille maailman kansoille".* (1. Moos. 28:12–14).

Palatessaan kotiinsa Jaakob oli hyvin peloissaan veljensä Eesaun kohtaamisesta. Matkalla hän kohtasi Jumalan, jonka kanssa hän paini aamuun asti. Jaakob ei hellittänyt ennen kuin hän sai siunauksen. Jaakobin kokemus esikuvaa jokaisen ihmisen uskon kilvoittelua tämän maailman ahdingoissa ja viimeisissä vitsauksissa, jota kuvataankin sanoilla Jaakobin ahdistus. Jaakob on meille esimerkki vahvasta uskosta ja järkähtämättömästä luottamuksesta Jumalan lupauksiin. *"Mies sanoi hänelle: "Päästä minut menemään, sillä päivä valkenee." Mutta Jaakob sanoi: "En päästä sinua, ellet siunaa minua." Mies kysyi häneltä: "Mikä sinun nimesi on?" Hän vastasi: "Jaakob." Silloin mies sanoi: "Sinua ei pidä enää sanoa Jaakobiksi, vaan Israeliksi, sillä sinä olet kamppaillut Jumalan ja ihmisten kanssa ja voittanut".* (1. Moos. 32:27–29).

Jaakobilla oli 12 poikaa, jotka myivät kateellisina veljensä Joosefin Egyptiin. Tämä oli Jumalan suunnitelma Jaakobin suvun siirtämiseksi Egyptiin, jotta esikuva synnin orjuudesta vapautumiseksi toteutuisi. Joosef oli kuuliaisempi isänsä Jaakobin opetuksille kuin kukaan hänen veljistään. *"Myydään poika noille ismaelilaisille, niin meidän ei itse tarvitse käydä häneen käsiksi, onhan hän sentään meidän veljemme." Hänen veljensä olivat samaa mieltä. Kun midianilaiset kauppiaat kulkivat paikan ohi, veljet vetivät Joosefin kaivosta ja myivät hänet heille kahdestakymmenestä hopeasekelistä. Ja kauppiaat veivät Joosefin Egyptiin."* (1. Moos. 37:27, 28).

Joosefin Jumalalle kuuliainen elämä johti hänet lopulta Egyptin valtiaaksi. Vain Faarao oli häntä korkeampi. Joosefia ei millään houkutuksilla saatu rikkomaan Jumalan käskyjä. Jumala siunasi hänen kauttaan Jaakobin perhettä nälänhädän aikana johtamalla heidät Egyptiin. Vaikka hänen veljensä yrittivät tappaa hänet ja lopulta myivät hänet egyptiläisille, hän antoi anteeksi heille, kun he tunnustivat syntinsä hänen edessään. Joosefin elämää pidetäänkin esikuvana Kristuksesta. *"Joosefille hän sanoi: Sinä saat hallita minun valtakuntaani, ja koko kansani on totteleva sinun sanaasi. Vain valtaistuimeni tekee minut sinua korkeammaksi."*

(1. Moos. 41:39, 40). *"Joosef sijoitti isänsä ja veljensä Egyptiin asumaan ja antoi heille maaomaisuutta maan parhaasta osasta, Ramseksen maakunnasta, kuten farao oli käskenyt."* (1. Moos. 47:11).

Luku 6
Mooses

Israelilaisten lisääntyessä Egyptissä uusi kuningas alkoi pelätä heitä ja määräsi heidät pakkotyöhön toteuttaakseen rakennustöitään. Saatana tiesi, että heidän joukostaan oli syntyvä Israelin vapauttaja pelastamaan heidät sorrosta ja siksi hän yllytti kuninkaan tappamaan kaikki syntyvät poikalapset. Kätilövaimot kuitenkin tulivat avuksi. He jättivät poikalapset eloon, ja kuningas määräsi nyt heidät heitettäväksi Niilin virtaan. *"Egyptissä nousi valtaan uusi kuningas, joka ei tiennyt Joosefista mitään. Niin israelilaisille asetettiin työnjohtajia, joiden oli määrä näännyttää heidät raskaalla pakkotyöllä. Niin farao antoi koko kansalleen käskyn, että kaikki heprealaisille syntyneet pojat oli heitettävä Niiliin mutta tytöt oli jätettävä eloon."* (2. Moos. 1:8, 11, 22).

Heprealaisille vanhemmille syntyi kaunis poika, jonka faaraon tytär löysi joesta kaislakorissa ja otti hänet ottolapsekseen. Piilossa ollut pojan sisar haki hänen äitinsä hänelle imettäjäksi. Poika sai nimekseen Mooses ja näin hän sai kristillisen kasvatuksen. *"Silloin pojan sisar sanoi faraon tyttärelle: "Menenkö hakemaan tänne jonkun heprealaisnaisen, joka voi imettää pojan sinulle?" Kun poika oli kasvanut suuremmaksi, äiti vei hänet faraon tyttärelle, ja tämä otti hänet omaksi pojakseen. Faraon tytär antoi hänelle nimeksi Mooses sanoen: "Olen nostanut hänet vedestä ylös."* (2. Moos.2:7, 10).

Mooses kasvoi faaraon hovissa ja sai kuninkaallisen kasvatuksen. Siellä hänet sitten kasvatettiin egyptiläiseen viisauteen. Hän joutui pakenemaan 40 vuodeksi Midianin maahan tapettuaan egyptiläisen miehen, joka löi orjatyössä olevaa heprealaista miestä. *"Kun Mooses oli varttunut aikuiseksi, hän meni kerran käymään heimoveljiensä luona ja sai nähdä heidän raadantansa. Hän näki egyptiläisen miehen lyövän heprealaista miestä, hänen heimolaistaan. Silloin Mooses katsahti ympärilleen, ja nähtyään, ettei ketään ollut lähettyvillä, hän löi egyptiläisen hengiltä ja kätki ruumiin hiekkaan."* (2. Moos. 2:11, 12).

Autiomaassa Jumala ilmestyi Moosekselle ja kehotti häntä menemään Egyptiin vapauttamaan Israelin kansa 400 vuotta kestäneestä orjuudesta noin 1300 vuotta eKr. ja viemään heidät luvattuun maahan. *"Herra sanoi: "Minä olen nähnyt kansani ahdingon Egyptissä ja kuullut, miten israelilaiset valittavat sortajiensa kovuutta. Minä tiedän kyllä heidän hätänsä. - - Mene siis, minä lähetän sinut faraon luo. Sinun on vietävä minun kansani, israelilaiset, pois Egyptistä."* (2. Moos. 3:7, 10).

Jumala koetteli faaraota ja Egyptin kansaa erilaisilla vitsauksilla, mutta faarao ei päästänyt Israelia. Vasta kun Jumala salli faaraon ja egyptiläisten esikoispoikien kuolla, faarao päästi Israelin. Näin Jumala osoitti israelilaisille ja egyptiläisille, että Israelin Jumala oli kaikkia muita jumalia väkevämpi ja näin se tuli tiedoksi koko silloiselle maailmalle. *"Faarao kutsutti Mooseksen ja Aaronin yöllä luokseen ja sanoi: "Lähtekää tiehenne, pois minun kansani keskuudesta, te itse ja kaikki israelilaiset, ja menkää palvelemaan Herraa, niin kuin olette pyytäneet. Ottakaa myös lampaanne, vuohenne ja nautakarjanne, niin kuin olette halunneet, ja menkää. Ja kun nyt lähdette, toivottakaa siunausta minullekin."* (2. Moos. 12:31, 32).

Viimeinen vitsaus oli kaikkein hirvittävin. Hän lupasi, että jokainen ihmisen ja eläimen esikoinen saa surmansa, jos faarao ei päästä heitä lähtemään. Jumala oli luvannut, että kukaan israelilaisten esikoispoika ei saa surmaansa, jos ovessa on veren merkki, joka kuvasi Jeesuksen synnin orjuudesta vapauttavaa sovintokuolemaa. Ja niin sitten tapahtui ja israelilaiset pääsivät lähtemään. *"Sinä yönä minä kuljen läpi Egyptin ja surmaan Egyptin jokaisen esikoisen, niin ihmisten kuin eläintenkin. Minä, Herra, annan tuomioni kohdata kaikkia Egyptin jumalia. Ja veri olkoon niiden talojen merkkinä, joissa te olette, sillä kun minä näen veren, menen ohitsenne. Minä kuritan vain egyptiläisiä, eikä tämä vitsaus satu teihin."* (2. Moos. 12:12, 13).

Faarao katui päätöstään ja lähti sotajoukkoineen israelilaisten perään estääkseen heidän pakomatkansa. Jumala pelasti israelilaiset avaamalla väylän Punaisen meren yli, jossa sitten egyptiläisten sotajoukot saivat surmansa. Tämä oli suuri todistus jälleen israelilaisille Jumalan voimasta ja sen seurauksena kansa uskoi Herraan ja Moosekseen. *"Sitten Mooses kohotti kätensä merta kohti, ja Herra pani meren väistymään syrjään nostamalla ankaran itätuulen, joka puhalsi koko yön. Näin hän muutti meren kuivaksi maaksi. Vedet jakautuivat kahtia, ja kun israelilaiset kulkivat meren poikki kuivaa maata pitkin, vedet olivat muurina kummallakin puolen."* (2. Moos. 14.21, 22).

Vanhan testamentin Jumala oli Kristus, jonka kanssa Mooses keskusteli kasvotusten. Mooses kirjoitti kaikki hänen antamansa määräykset muistiin. Ilmeisesti koko Mooseksen kirja on annettu Kristuksen kautta ja näin ollen myös luomisen tapahtumat, joten meidän pitää tukeutua vain Jeesuksen sanoihin: "On kirjoitettu". *"Hehän joivat siitä hengellisestä kalliosta, joka kulki heidän mukanaan; tämä kallio oli Kristus."* (1. Kor. 10:4). *"Ja Herra puhui Moosekselle kasvoista kasvoihin, niin kuin ihminen puhuu toiselle ihmiselle."* (2. Moos. 33:11). *"Mooses kirjoitti muistiin kaikki Herran antamat määräykset."* (2. Moos. 24:4).

Autiomaassa israelilaiset alkoivat napista ruuan suhteen. Herra antoi heille myös tarkat ohjeet sapatin vietosta. Israelilaisilla oli vaikeuksia sapatin vietossa Egyptin orjuudessa. Autiomaassa Jumala opetti heille sapatin viettoa ja sen tärkeyttä 40 vuotta mannaihmeen kautta. Sapatin vietto ei tee poikkeusta nykyaikanakaan. Se kuuluu Jumalan lakiin ja on voimassa ikuisesti. *"Herra sanoi Moosekselle: "Kuinka kauan te kieltäydytte noudattamasta minun käskyjäni ja lakiani? Muistakaa, että Herra itse on asettanut teille sapatin, ja siksi hän antaa teille kuudentena päivänä kahden päivän ruoan. Pysykää siellä missä olettekin; kenenkään ei pidä seitsemäntenä päivänä lähteä asuinpaikastaan." Niin kansa vietti seitsemäntenä päivänä lepopäivää. Israelilaiset antoivat sille ruoalle nimeksi manna."* (2. Moos. 16:28–31).

Siinain vuorella Jumala kirjoitti lakinsa, kymmenen käskyä, omalla sormellaan kivitauluihin ja antoi heille muita ohjeita jumalanpalvelusta ja käytännön elämää varten. Egyptissä heillä oli ollut vaikeuksia lakinsa noudattamisessa, mutta nyt oli aika toteuttaa sitä jokapäiväisessä elämässä. Nyt Herra ilmoitti tahtonsa ja arvovaltansa heille. Hän on oikea Jumala, joka vaatii ehdotonta kuuliaisuutta ja palvontaa. *"Herra sanoi Moosekselle: "Nouse tälle vuorelle minun luokseni ja odota täällä. Minä annan sinulle kivitaulut, joihin olen kirjoittanut lain ja käskyt, että voisit opettaa ne kansalle".* (2. Moos. 24:12).

Autiomaassa Israelin kansa napisi jälleen ja Jumala lähetti myrkkykäärmeitä. Niiden puremiin moni kuoli. Mooses teki Jumalan käskystä pronssista käärmeen. Ne, jotka katsoivat, pronssikäärmettä jäivät eloon. Pronssikäärme kuvasi sitä, että pelastus on mahdollista ainoastaan turvautumalla Kristuksen vanhurskauteen. *"Ja Herra sanoi Moosekselle: "Tee käärmeen kuva ja pane tangon päähän. Jokainen pureman saanut, joka katsoo siihen, jää eloon." Mooses teki pronssista käärmeen ja pani sen tangon päähän. Kun ne, joita käärmeet olivat purreet, katsoivat pronssikäärmettä, he jäivät eloon."* (4. Moos. 21:8, 9).

Jumala antoi Moosekselle rakennettavaksi taivaallisen kaavan mukaisesti pyhäkköteltan, jossa oli suoritettava uhripalvelukset, jotka olivat esikuvia Jeesuksen kertakaikkisesta uhrista ja koko Jumalan pelastussuunnitelmasta. Pyhäkkö rakennettiin teltan muotoiseksi ja sitä kuljetettiin purettuna mukana koko autiomaavaelluksen ajan. Siinä oli kaksi osastoa, joissa kummassakin suoritettiin määrätyt vertauskuvalliset tehtävät. Tärkein esine siellä oli liiton arkki, jossa säilytettiin laintaulut. Sitä säilytettiin esiripun takana toisessa osastossa, jota nimitettiin kaikkeipyhimmäksi. *"Tehtäköön minulle pyhäkkö, niin minä asun teidän keskellänne. Tehkää telttamaja ja kaikki sen varusteet tarkoin sen mallin mukaan, jonka minä sinulle näytän. - - Pidä huoli siitä, että teet kaiken sen esikuvan mukaan, jonka sait nähdä vuorella."* (2. Moos. 25:8, 9, 40).

Herra lähetti 12 vakoojaa tutkimaan luvattua maata neljäkymmentä päivää. He toivat sieltä mukanaan maan hedelmällistä satoa. He pitivät maan valloittamista mahdottomana. Vain Kaaleb ja Joosua uskoivat Herran lupaukseen. Epäuskonsa vuoksi kansa joutui 40 vuodeksi autiomaahan. Tässä on yksi kohta, joka antaa avaimen profeetallisten aikojen ymmärtämiseen. Eli päivä profetioissa vastaa vuotta. *"Neljäkymmentä päivää te kiersitte tutkimassa tuota maata, neljäkymmentä vuotta teidän on kärsittävä rangaistustanne vuosi kutakin päivää kohti. Näin te opitte tietämään, mitä merkitsee joutua minun hylkäämäkseni."* (4. Moos. 14:3).

Israelin kansan pako Egyptin orjuudesta oli esikuva Jumalan kansan vaelluksesta synnin orjuudesta taivaskotiin. Mooses ja Aaron eivät päässeet Israelin kansan autiomaan vaelluksen jälkeen luvattuun maahan, koska he olivat tehneet syntiä, kun oli saatava vettä kalliosta Merbassa. Mooses sai kuitenkin katsella luvattua maata Nebon vuorelta. Mooses on kirjoittanut kirjaan kaikki Israelin kansan kokemukset ja Jumalan antamat tiedot, ohjeet ja käskyt. Hän on ollut ainoa ihminen, jonka kanssa Jumala puhui kasvotusten. *"Herra sanoi Moosekselle: "Tämä on se maa, josta olen puhunut Abrahamille, Iisakille ja Jaakobille ja jonka olen vannonut antavani heidän jälkeläisilleen. Minä olen antanut sinun nähdä sen, mutta sinä et pääse sinne."* (5. Moos. 34:4).

Mooses kuoli yksin Pisgan huipulla ja Jumala herätti hänet kuolleista. Jumala hautasi hänet, jotta Israelin kansa ei harjoittaisi epäjumalanpalvelusta hänen haudallaan. Mooses ja Elia näyttäytyivät opetuslapsille kirkastusvuorella. Mooses edustaa niitä, jotka herätetään Jeesuksen tullessa. *"Herra hautasi hänet laaksoon, joka on Bet-Peorin lähellä Moabissa, mutta kukaan ei tähän päivään mennessä ole saanut tietää hänen hautansa paikkaa."* (5. Moos. 34:6). *"Samassa siinä oli kaksi miestä, Mooses ja Elia, keskustelemassa hänen kanssaan."* (Luuk. 9:30).

Luku 7
Joosua - -
Kuningas Saul

Herra valitsi Israelin johtajaksi Mooseksen kuoleman jälkeen Joosuan. Hän oli ollut Mooseksen aikana hänen lähimpiä miehiään. Hän saanut Herralta lupauksen, että Herra tulee tekemään ihmeen Jordanin virtaa ylitettäessä. Jordanin vedet väistyivät ja papit asettuivat virran keskelle kantaen arkkia ja kansa ylitti virran. Myös mannan tulo loppui, koska he nyt saivat syödä Kanaanin maan hedelmiä ja vihanneksia. *"Papit, jotka kantoivat Herran liitonarkkua, seisoivat kuivalla maalla keskellä Jordanin uomaa Israelin kansan kulkiessa joen yli kuivaa maata myöten, eivätkä he liikkuneet paikoiltaan, ennen kuin viimeinenkin israelilainen oli päässyt Jordanin yli."* (Joos. 3:17).

Ennen Jerikon valloitusta Joosua rukoili Herran johdatusta. Herra ilmestyi hänelle sotilaan hahmossa miekka kädessään ja antoi yksityiskohtaiset ohjeet sen valloituksesta. Joosualle valkeni, että sotilas oli Jeesus, joka oli johdattanut Israelin kansan autiomaan halki. Siksi paikka oli pyhä. *"Mies vastasi: "En kumpaakaan. Olen Herran sotajoukon päällikkö ja olen juuri saapunut tänne." Silloin Joosua lankesi polvilleen, kumartui maahan saakka ja sanoi: "Herrani, mitä tahdot minun tekevän?" Herran sotajoukon päällikkö sanoi Joosualle: "Riisu kengät jalastasi, sillä paikka, jossa seisot, on pyhä." Ja Joosua teki niin."* (Joos. 5:14, 15).

Jeriko oli epäjumalanpalveluskeskus ja siksi se oli tuhottava täysin. Jumalan ilmoituksen mukaan kaupunkia ei saanut valloittaa väkirynnäköllä vaan oli marssittava sen ympäri kantaen Jumalan arkkua ja puhallettava torviin. Jerusalem oli kierrettävä kuutena päivänä kerran ympäri ja seisemäntenä päivänä seitsemän kertaa puhaltaen torviin. Silloin sortuivat Jerikon muurit ja se valloitettiin. Näin Israelin kansa hyväksyi lopullisesti Joosuan Mooseksen seuraajaksi ja kunnioitti häntä hänen kuolemaansa asti. Näissä kierroksien määrässä ja torvissa on esikuva Ilmestyskirjan merkkisoitoista. *"Kansa kohotti sotahuudon, kun papit puhalsivat torviinsa. Heti torvien äänen kuultuaan kansa kohotti sotahuudon. Silloin Jerikon muurit sortuivat, ja joukot hyökkäsivät kaupunkiin, joka mies siitä paikasta missä seisoi. Näin israelilaiset valtasivat kaupungin."* (Joos. 6:20).

Luvatussa maassa Jumalan tarkoituksena oli siunata Israelin kansaa todistuksena naapurikansoille oikeasta Jumalasta. Israel ei kuitenkaan täyttänyt Jumalan tarkoitusta. Kansa ei saanut niitä kuuliaisuuden siunauksia, joita Jumala oli Mooseksen välityksellä heille luvannut. *"Minun todistajani, sanoo Herra, olette te – Israel, sinä jonka olen valinnut palvelijakseni – ja teidän tulee tuntea minut ja uskoa minuun, ymmärtää, kuka minä olen. Ennen minua ei ole jumalaa syntynyt eikä ollut eikä minun jälkeeni tullut eikä tule."* (Jes. 43:10).

Kun autiomaassa olleet vanhimmat kuolivat luvatussa maassa, Israelin kansa sortui tottelemattomuuteen ja epäjumalanpalvelukseen. Siksi Jumala antoi kansalle avuksi tuomareita. Tuomari merkitsee pelastajaa ja esikuvaa näin Kristusta. *"Herra asetti Israelin kansalle tuomareita ja oli aina näiden tukena. Herra suojeli kansaa vihollisilta niin kauan kuin tuomari eli, sillä Herran kävi kansaa sääliksi, kun hän kuuli sen huokailevan sorrettuna ja vaivoissaan."* (Tuom. 2:18).

Luvatussa maassa temppelipalvelus tuli leväperäiseksi ja palvonta kohdistui Jumalan sijasta arkkuun. Siksi Jumala salli viholliskansan ryöstää arkun. Jumala halusi tällä opettaa kansalle, kuinka hyödytöntä on luottaa vain aineelliseen arkkuun eikä elävään Jumalaan pelastajana. Viimeisen temppelin hävityksen jälkeen arkku kymmenine käskyineen kätkettiin eikä sitä ole löydetty sen jälkeen. *"Filistealaiset ottivat haltuunsa Jumalan arkun ja veivät sen Eben-Eseristä Asdodiin. Siellä he panivat sen Dagonin temppeliin Dagonin patsaan viereen."* (1. Sam. 5:1, 2).

Tuomarien jälkeen kansa hylkäsi Jumalan ja pyysi palvonnan kohteeksi kuningasta muiden kansojen tapaan. Se ei miellyttänyt Jumalaa, mutta hän antoi heille kansan mieleisen kuninkaan Saulin, joka oli Israelin komein mies ja päätänsä pitempi muita. *"Samuel otti esille öljypullon, kaatoi siitä öljyä Saulin päähän, suuteli häntä ja sanoi: "Nyt Herra on voidellut sinut oman kansansa hallitsijaksi. Sinä saat johtaa Herran kansaa, ja sinä pelastat kansan kaikkien sen vihollisten vallasta. Herra antaa sinulle myös merkin siitä, että hän on voidellut sinut kansansa hallitsijaksi."* (1. Sam. 10:1).

Kuningas Saul luopui myöhemmin Jumalasta, jolloin Jumala itse valitsi Iisain nuorimman pojan Daavidin Israelille kuninkaaksi noin 1000 vuotta eKr. Daavidista tuli Israelin tunnetuin ja arvostetuin kuningas, josta oli polveutuva tuleva Vapahtaja. *"Herra sanoi Samuelille: "Kuinka kauan sinä aiot surra Saulia? Minä olen hylännyt hänet, hän ei enää saa olla Israelin kuningas. Täytä öljysarvesi ja lähde liikkeelle! Minä lähetän sinut betlehemiläisen Iisain luo, sillä hänen poikiensa joukosta olen valinnut mieleni mukaisen kuninkaan."* (1. Sam. 16:1).

Kuningas Saulin uskottomuus Herralle johti hänet kuolemaan. Hänen oli ryhdyttävä taisteluun filistealaisia vastaan ja hän lähti kysymään neuvoa vainajahengiltä, koska Jumala ei vastannut hänelle hänen tottelemattomuutensa takia. Näin Saul joutui Saatanan valtaan. *"Näin kuoli Saul, koska hän oli luopunut Herrasta eikä ollut totellut hänen sanaansa. Saul oli myös hakenut neuvoa vainajien hengiltä eikä Herralta. Siksi Herra antoi hänen kuolla ja siirsi kuninkuuden Daavidille, Iisain pojalle."* (1. Aikak. 10:13, 14).

Luku 8
Kuningas Daavid – – Profeettoja

Davidin ollessa vielä nuorukainen israelilaiset taistelivat filistealaisia vastaan. Heitä pilkkasi neljäkymmentä päivää jättikokoinen Goljat, jota kaikki pelkäsivät. David suostui taistelemaan Goljatia vastaan ja voitti hänet pelkällä lingolla. Näin filistealaiset voitettiin Israelin Jumalan avulla ja he joutuivat kauhun valtaan ja pakenivat. *"Kun filistealainen lähti tulemaan Daavidia kohti, Daavid ryntäsi juosten häntä vastaan, pisti kätensä laukkuun ja otti sieltä kiven. Hän linkosi sen ja osui filistealaista otsaan. Kivi puhkaisi otsan, ja filistealainen kaatui suulleen maahan."* (1. Sam. 17:48, 49).

Davidin elämän suurin häpeätahra oli hänen syntinsä, kun hän tappoi heettiläisen Uurian saadakseen hänen vaimonsa Batseban itselleen. Vaikka tämä synti oli suuri, Jumala armahti Daavidia hänen vilpittömän katumuksensa takia, mutta rankaisi häntä salliessaan hänen poikansa kuoleman. Hän on kirjoittanut katumuksestaan lukuisia katumuspsalmeja. Jumalan armo on mittaamaton katuvaa syntistä kohtaan. *"Silloin Daavid sanoi Natanille: "Olen tehnyt syntiä Herraa vastaan." Natan vastasi: "Herra vapauttaa nyt sinut tästä synnistä, eikä sinun tarvitse kuolla. Mutta koska olet tällä teolla rikkonut pahasti Herraa vastaan, niin sinulle syntynyt poika kuolee."* (2. Sam. 12:13, 14).

Kuningas David ei saanut Jumalalta lupaa rakentaa temppeliä käymiensä sotien takia, mutta hän sai luvan aloittaa temppelin suunnittelun Jumalalta saamien ohjeiden mukaan. Hänen poikansa Salomo toteutti sitten temppelin rakentamisen. Jumala siunasi rakentamista joka suunnalta rauhalla ja naapurikansojen avulla. *"Minä aion nyt rakentaa Herralle, Jumalalleni, omistetun temppelin, sen josta Herra puhui isälleni Daavidille sanoen: 'Sinun poikasi, jonka asetan jälkeesi valtaistuimelle, on rakentava minulle temppelin."* (1. Kun. 5:19).

Jumala siunasi Salomoa viisaudella ja rikkaudella, kun hän luotti Jumalaan. Vaikka Salomo välillä luopui Jumalasta, hän palasi takaisin Jumalan luo. Sillä oli kuitenkin vakavat seuraukset kansalle, joka sortui myös syntiin. Salomo katui myöhemmin syvästi tekojaan ja antoi opetuksen tuleville sukupolville synnin seurauksista. *"Herra vihastui siitä, että Salomon sydän oli kääntynyt pois hänestä, Israelin Jumalasta. Vaikka Herra oli kahdesti ilmestynyt Salomolle ja kieltänyt häntä palvelemasta muita jumalia, hän ei ollut totellut Herran kieltoa."* (1. Kun. 11:9, 10).

Salomon jälkeen kuninkaiksi tuli vuoron perään Jumalaa pelkääviä ja jumalattomia kuninkaita. Jumala siunasi ja kuritti kansaa kuninkaan elämän ja toiminnan mukaan. *"Juudan naapurivaltakunnissa syntyi sellainen kauhu Herraa kohtaan, etteivät ne uskaltaneet ryhtyä sotaan Josafatia vastaan."* *(2. Aik. 17:10).* *"Kuningas Rehabeamin viidentenä hallitusvuotena Egyptin kuningas Sisak hyökkäsi Jerusalemia vastaan. Näin tapahtui sen vuoksi, että israelilaiset olivat luopuneet Herrasta."* (2. Aik. 12:2).

Israelin kansa oli vajonnut epäjumalanpalvelukseen. Karmelin vuorella tapahtui taistelu Jumalan ja Baalin välillä. Elia taisteli Baalin pappeja vastaan ja osoitti kansalle oikean Jumalan. Kansa katui, mutta Baalin papit eivät katuneet ja heidät surmattiin. Nyt kansa oli valmis tunnustamaan, että Elian Jumala oli kaikkia epäjumalia korkeampi. *"Silloin Herran tuli iski alas. Se söi polttouhrin ja puut sekä alttarin kivet ja mullan ja nuoli ojasta veden. Kun kansa näki tämän, kaikki heittäytyivät kasvoilleen ja huusivat: "Herra on Jumala! Herra on Jumala!". Elia sanoi heille: "Ottakaa kiinni Baalin profeetat, älkää päästäkö ainoatakaan pakoon!" Heidät otettiin kiinni, ja Elia vei heidät alas Kisoninpurolle ja surmasi heidät siellä."* (1. Kun. 18:38–40).

Profeetta Elia astui julkisuuteen 860-luvulla eKr. Hänellä oli nahkainen tai kamelinkarvoista tehty karkea puku ja vyötäisillä nahkavyö ja hän saarnasi voimakkaasti parannuksen sanomaa. Siksi Jeesus samaisti hänet Johannes Kastajaan. Kun kuningas Ahab vaimonsa Iisebelin vaikutuksesta oli kääntynyt Baalin palvelukseen, Elia nuhteli kuningasta siitä, että tämä oli hyljännyt Herran. Kun Elia kulki seuralaisensa Elisan kanssa Jordanin itäpuolella, ilmestyivät tuliset vaunut ja tuliset hevoset, ja ne erottivat heidät ja Elia otettiin tuulispäässä taivaaseen. Elia on esikuva niistä, jotka Jeesuksen takaisin tullessa otetaan kuolemaa kokematta taivaaseen. *"Kun he kulkivat ja puhelivat keskenään, siihen ilmestyi yhtäkkiä tuliset vaunut ja tuliset hevoset. Ne erottivat heidät toisistaan, ja Elia nousi tuulenpyörteessä taivaaseen."* (2. Kun. 2:11). *"Kaikki profeetat ja laki ovat Johannekseen asti olleet ennustusta, ja uskokaa tai älkää, juuri hän on Elia, jonka oli määrä tulla."* (Matt. 11:13, 14).

Yksi Israelin hyvistä ja merkittävistä kuninkaista oli Joosia. Hän oli kuten esi-isänsä Daavid, joka vaelsi "poikkeamatta oikealle tai vasemmalle". Hän tuli kuninkaaksi 8-vuotiaana ja hänen äitinsä oli pappi Adajan tytär, joten hän sai jo lapsena uskonnollisen kasvatuksen. Joosia toteutti perusteellisen uskonpuhdistuksen Israelissa. Hänen aikanaan löydettiin kadoksissa ollut lain kirja ja jumalanpalvelus uudistettiin. *"Koskaan ennen ei ole ollut Josian vertaista kuningasta. Koko sydämestään, koko sielustaan ja voimastaan hän alkoi palvella Herraa juuri niin kuin Mooseksen laki määrää. Hänen vertaistaan ei ole tullut hänen jälkeensäkään."* (2. Kun. 23:25).

Profeetta Jeremia syntyi noin 650 eKr. Hän aloitti toimintansa Joosian hallitessa vuodesta 627 eKr. ja jatkoi sitä Jerusalemin hävitykseen 586 eKr. ja vielä sen jälkeenkin. Jeremian vaiheet tunnemme ehkä paremmin kuin kenenkään muun VT:n profeetan, sillä kirjassaan hän on paljon kertonut omista elämänkohtaloistaan. Jeremia oli pappisperheestä ja sai Jumalan kutsun nuorena. Jeremia kirjoitti noin 600 vuotta eKr., että Israel joutuu tottelemattomuuden takia 70 vuodeksi pakkosiirtolaisuuteen Babyloniin, josta tulee autiomaa, jossa ei ikinä asuta. Ennustus on toteutunut. Babylonia on yhä edelleen autiomaana. *"Tämä maa tulee täyteen raunioita ja autioituu, ja nämä kansat palvelevat Babylonian kuningasta seitsemänkymmentä vuotta. Mutta kun seitsemänkymmentä vuotta on kulunut, minä vaadin Babylonian kuninkaan ja hänen kansansa tilille rikoksistaan, sanoo Herra."* (Jer. 25:11, 12).

Jeremian ennustus toteutui, kun Babylonin kuningas Nebukadnessar valloitti Jerusalemin vuonna 587 eKr. ja vei sen aarteet ja kansan Babyloniin. 70-vuoden vankeuden jälkeen kuningas Dareios antoi Israelin kansalle luvan palata Jerusalemiin aarteineen ja rakentaa kaupungin ja temppelin. *"Temppeli oli valmis adar-kuun kolmantena päivänä kuningas Dareioksen hallituskauden uudentena vuotena. Israelilaiset, papit ja leeviläiset ja muut pakkosiirtolaisuudesta palanneet, viettivät riemuiten temppelin vihkiäisjuhlaa."* (Esra 6:15, 16).

Suuri osa Israelin kansasta jäi pakkosiirtolaisuuden jälkeen edelleen Babyloniin, jossa he joutuivat suureen ahdinkoon ja määrättiin surmattavaksi. Jumala johdatti kauniin Esterin kuningas Ahasveroksen vaimoksi ja näin pelasti Israelin kansan. Tämä oli esikuva ajan lopussa tapahtuvasta Jumalan jäännöskansaan kohdistuvasta samanlaisesta ahdingosta. *"Kirjeet kirjoitettiin kuningas Kserkseen nimissä, ja niihin painettiin sinettileima hänen sormuksellaan. Ne lähetettiin pikalähettien mukana kuninkaan kaikkiin maakuntiin ja niis-*

sä määrättiin, että kaikki juutalaiset, nuoret ja vanhat, naiset ja lapset, oli tuhottava, tapettava ja hävitettävä yhtenä ainoana päivänä." (Est. 3:12, 13). "*Se on saanut vallan antaa pedon kuvalle hengen, niin että kuva jopa kykenee puhumaan, ja se on myös saanut vallan tappaa kaikki, jotka eivät kumarra pedon kuvaa.*" (Ilm. 13:15).

Israelin historian aikana Jumala joutui lähettämään profeettoja nuhtelemaan ja opettamaan kansaa, sekä kertomaan tulevasta Vapahtajasta. "*Herra oli varoittanut Israelia ja Juudaa. Jokaisen profeetan, jokaisen näkijän suulla hän oli sanonut: "Kääntykää takaisin pahoilta teiltänne! Noudattakaa minun käskyjäni ja määräyksiäni ja eläkää sen lain mukaisesti, jonka minä olen antanut isillenne ja ilmoittanut teille palvelijoitteni, profeettojen, suulla.*" (2. Kun. 17:13).

Luku 9
Ennustuksia I

VT:ssä on 330 profeettojen ennustusta Jeesuksen ensimmäisestä tulemuksesta. Siellä on kerrottu etukäteen Jumalan Pojan, Jeesuksen Kristuksen lihaksi tuleminen, hänen syntymänsä, toimintansa ja ristinkuolemansa pienimpiä yksityiskohtia myöten. Jumala on sirotellut Raamattuun monia kiistämättömiä todisteita Kristuksen jumaluudesta. Vanhassa testamentissa on etukäteen kirjoitettu Jeesuksen elämänkerta. Vanha testamentti kirjoitettiin noin tuhannen vuoden aikana ja sen kirjoittajina olivat profeetat eri puolilla maata tuntematta toisiaan ja toistensa kirjoituksia. Kuitenkin he Pyhän Hengen johtamina ennustivat Jeesuksesta ja jokainen ennustus täyttyi Kristuksen elämässä.

Mooses syntyi Egyptissä Leevin sukuun heprealaisten ollessa vielä orjuudessa. Mooses kirjoitti lupauksen heti Aadamin ja Eevan syntiinlankeemuksen jälkeen tulevasta Vapahtajasta, joka tulee vapauttamaan heidät kuolemasta, jos he katuvat vilpittömästi rikkomustaan ja uskovat Jumalan lupaukseen. Näin koko ihmiskunnan pelastus oli Aadamin ja Eevan harteilla ja he selviytyivät voittajina. Sota tulee kuitenkin jatkumaan ihmisen ja saatanan välillä. Jumala tulee tuhoamaan saatanan murskaamalla hänen päänsä, mutta saatana tulee iskemään Jeesusta kantapäähän eli Jeesus tulee sovittamaan omalla elämällään ja hengellään koko häneen uskovan ihmiskunnan synnit Golgatan ristillä. Näin paljon Jumala rakasti luomaansa ihmistä. *"Ja minä panen vihan sinun ja naisen välille ja sinun sukusi ja hänen sukunsa välille: ihminen on iskevä sinun pääsi murskaksi, ja sinä olet iskevä häntä kantapäähän."* (1. Moos. 3:15). *"Jeesus joi viinin ja sanoi: "Se on täytetty." Hän kallisti päänsä ja antoi henkensä."* (Joh. 19:30).

Daavid oli Vanhan Testamentin mukaan Juudan kuningas 1012–1005 eKr. ja koko Israelin kuningas 1005–972 eKr. David oli Israelin toinen ja suurin kuningas, Iisain poika, joka oli syntynyt Beetlehemissä ja oli nuorin kymmenestä veljestään, Hän kirjoitti noin 1000 vuotta eKr., että ystävä tulisi kavaltamaan hänet. Tämä ennustus toteutui Juudaksen kautta, joka teki maailman inhottavimman teon kavaltamalla maailman Vapahtajan. Juudas Iskariot mainitaan Jeesuksen pettäjänä apostolien luettelossa aina viimeisenä. Hän oli rahan ahne. Siksi hän ei myöskään pitänyt vääränä käyttää saatuja lahjoja itseään varten. Kun Jeesus järjesti jäähyväisaterian, hän piti huolen siitä, että Juudas ymmärsi täydellisesti hänen sanansa. Niin Juudas ryhtyi johtamaan Jeesuksen vangitsemista. Kun papit kylmästi työnsivät hänet heidän luotaan, hän lopetti itsensä hirttäytymällä. *"Vieläpä ystäväni, johon luotin ja joka söi minun pöydässäni, kääntyy kopeasti minua vastaan."* (Ps. 41:9). *"Jeesus sanoi hänelle: "Ystävä, tätä varten sinä olet tullut." Silloin miehet astuivat lähemmäs, kävivät käsiksi Jeesukseen ja vangitsivat hänet."* (Matt.26:50).

Kuningas David kertoi Jeesuksen kuolin tavan. Jeesus toteutti ennustuksen kuolemalla runneltuna ja pilkattuna. Opetuslastensa kanssa nauttiman pääsiäisaterian jälkeen Jeesus ei ollut nauttinut ruokaa ja juomaa. Hän oli taistellut Getsemanen puutarhassa kovimmat henkiset tuskansa taistelussaan pahojen voimien kanssa. Hän oli sekä ruumiillisesti että henkisesti väsynyt. Tämä ei jatkunut ainoastaan koko yön vaan myös oikeudenkännin ajan, jossa häntä oli ruoskittu. Jeesuksen ristiinnaulitseminen oli tuskallinen toimenpide. Naulat lyötiin hänen käsiensä ja jalkojensa läpi. Sitten risti kohotettiin rajusti lyöden paikalleen sitä varten tehtyyn kuoppaan. Jeesus koki näin ruumiillisesti mitä hirvittävimpiä tuskia, mutta hengelliset tuskat olivat varmasti suuremmat, koska hänen harteillaan oli ihmisten pelastus. Häntä pilkattiin vielä ristillä ollessaankin ja ristiin kirjoitettiin: "Jeesus Nasaretilainen, juutalaisten kuningas." Tämä teksti oli Jumalan johdatuksesta kirjoitettu todistamaan ihmisille Jeesuksen jumaluudesta. *"Ruumiini luut näkyvät kaikki. Ilkkuen he katsovat minuun."* (Ps. 22:18). *"Ohikulkijat pilkkasivat häntä. Päätään nyökyttäen he sanoivat: "Sinähän pystyt hajottamaan temppelin ja rakentamaan sen uudelleen kolmessa päivässä. Pelasta nyt itsesi, jos kerran olet Jumalan Poika. Tule alas ristiltä!"* (Matt. 27:39, 40).

Kuningas David kertoi, ettei Jeesuksen luita rikottaisi. Sotilaat rikkoivat rikollisten sääriluut nopeuttaakseen heidän kuolemaansa, jotta ruumiit eivät jäisi ristille pyhän sapatin ajaksi ja eivätkä karkaisi. Sotilaat toteuttivat ennustuksen. Jeesuksen sääriluita ei rikottu, koska Jeesus oli jo kuollut. Jeesus kuitenkin todettiin kuolleeksi ja sen tähden hänen luitansa ei rikottu niin kuin oli ennustettu. *"Herra varjelee häntä, ei yksikään hänen luunsa murru."* (Ps. 34:21). *"Jeesuksen luo tultuaan he huomasivat hänen jo kuolleen eivätkä siksi katkaisseet hänen sääriluitaan."* (Joh. 19:33).

Kuningas David kertoi, että Jeesuksen vaatteet jaettaisiin sotilaiden kesken paitsi paita, josta heitetään arpaa. Sotilaat toteuttivat ennustuksen, koska paita oli valmistettu kokonaan yhdestä kankaasta ilman saumoja. *"Jakavat vaatteeni keskenään ja heittävät puvustani arpaa."* (Ps. 22:19). *"Ristiinnaulittuaan Jeesuksen sotilaat ottivat hänen vaatteensa ja jakoivat ne neljään osaan, kullekin sotilaalle osansa. He ottivat myös paidan, mutta kun se oli saumaton, ylhäältä alas samaa kudosta, he sanoivat toisilleen: "Ei revitä sitä. Heitetään arpaa, kuka sen saa."* (Joh. 19:23, 24).

Kuningas David kertoi Jeesuksen nousemisen haudasta.

Jeesus toteutti ennustuksen nousemalla kuolleista kolmantena päivänä. Hänen ylösnousemisensa todistajia oli ainakin 500 henkilöä, joille hän näyttäytyi kuolemansa jälkeen. Jeesus on herättävä täytetyn työnsä perusteella jokaisen Ihmisen kuoleman valtakunnasta, toiset pelastukseen, toiset tuomiolle. Hän nousi kuolleista kolmantena päivänä Isän kutsumana esikoisena kuoloon nukkuneista. Hänen ylösnousemuksensa tapahtui juuri sinä päivänä, jolloin heilutuslyhde tuotiin Herran eteen. Israelin kansan uutislyhteen heilutusjuhla oli vertauskuva Jeesuksen ylösnousemuksesta. *"Sinä et hylkää minun sieluani tuonelaan, et anna palvelijasi joutua kuoleman valtaan." (Ps. 16:10). "Hänet haudattiin, hänet herätettiin kuolleista kolmantena päivänä, niin kuin oli kirjoitettu." (1. Kor. 15:4).*

Profeetta Miika oli Israelin profeetta, Jesajan aikalainen. Hän kirjoitti noin 700 vuotta eKr. tarkalleen Jeesuksen syntymäkaupungin. Jeesuksen vanhempien kotipaikka oli Nasaret, mutta he joutuivat keisari Augustuksen määräyksellä menemään verolle pantavaksi Betlehemiin, koska se oli heidän sukunsa kotipaikka. Heillä ei ollut aikomustakaan muuttaa sinne. Näin tämä ennustus toteutui tarkalleen. Jumala johti heidät sinne, jotta Raamatun kirjoitukset toteutuisivat ja todistaisivat Jumalan johdatuksesta. Vapahtaja syntyi siis tarkalleen siinä paikassa, jonka Jumala oli ilmoittanut profeetta Miikalle. *"Sinä Betlehem, sinä Efrata, sinä olet pienin Juudan sukukuntien joukossa! Mutta sinun keskuudestasi nousee Israelille hallitsija. Hänen juurensa ovat muinaisuudessa, ikiaikojen takana."* (Miika 5:1).

Jesaja oli juutalainen profeetta. Hän vaikutti Jerusalemissa n.740–700 eKr. Profeetta Jesaja kirjoitti n. 700 v. eKr., että Johannes Kastajan tulee valmistamaan tietä Jeesuksen ensimmäiselle tulemiselle. Johannes oli Sakariaan ja Elisabetin poika. Jeesuksen äiti Maria ja Johanneksen äiti Elisabet tunsivat toisensa ja olivat sukulaisia. Johannes syntyi puoli vuotta aikaisemmin kuin Jeesus. Raamatun mukaan hän oli jo äitinsä kohdussa täynnä Pyhää Henkeä. Johannes Kastaja saarnasi taivasten valtakunnan tulosta, vaati ihmisiä tekemään parannuksen ja kastoi heidät Jordanissa, kun he tunnustivat syntinsä. *"Mutta enkeli puhui hänelle: "Älä pelkää, Sakarias. Rukouksesi on kuultu, vaimosi Elisabet synnyttää sinulle pojan ja sinä annat hänelle nimeksi Johannes."* (Jes. 40:39). *"Ääni huutaa: – Raivatkaa autiomaahan Herralle tie! Tasoittakaa yli aron valtatie meidän Jumalallemme!"* (Luuk.1:13). *"Johannes vastasi: "Minä olen ääni, joka huutaa autiomaassa: 'Tasoittakaa Herralle tie!' Niinhän profeetta Jesaja on ennustanut."* (Joh. 1:23).

Profeetta Jesaja kirjoitti, että Jeesus tullaan pahoinpitelemään. Jeesus toteutti ennustuksen. Hän kärsi mitä hirvittävintä kohtelua. Häntä pilkattiin vielä ristillä ollessaankin ja ristiin kirjoitettiin: "Jeesus Nasaretilainen, juutalaisten kuningas". *"Minä tarjosin selkäni lyötäväksi ja poskieni parran revittäväksi, en kätkenyt kasvojani häväistyksiltä, en sylkäisyiltä."* (Jes. 50:6). *"He sylkivät nyt Jeesusta kasvoihin ja löivät häntä. Muutamat läimäyttivät häntä poskelle, ja ilkkuivat: "Profetoi, Messias, sano kuka sinua löi!"* (Matt. 26:67, 68).

Profeetta Jesaja kirjoitti, miten Jeesus tulee vaikenemaan syyttäjien edessä. Näin tapahtui. Jeesus ei puolustellut itseään Pilatuksen edessä. *"Häntä piinattiin, ja hän alistui siihen, ei hän suutansa avannut. Kuin karitsa, jota teuraaksi viedään, niin kuin lammas, joka on ääneti keritsijäinsä edessä, ei hänkään suutansa avannut."* (Jes. 53:7). *"Mutta Jeesus pysyi vaiti. Silloin ylipappi sanoi hänelle: "Minä vannotan sinua elävän Jumalan nimessä: sano meille, oletko sinä Messias, Jumalan Poika."* (Matt. 26:63).

Profeetta Jesaja kirjoitti, että Jeesus rukoilisi pahantekijöittensä puolesta. Jeesus toteutti ennustuksen. Hänen rukouksensa kattoi surmaajiensa lisäksi kaikki maailman ihmiset.

"Hän otti kantaakseen monien synnit, hän pyysi pahantekijöilleen armoa." (Jes. 53:12). *"Mutta Jeesus sanoi: "Isä, anna heille anteeksi. He eivät tiedä, mitä tekevät."* (Luuk. 23:3).

Profeetta Jesaja kirjoitti, että Jeesus luettaisiin pahantekijäin joukkoon. Hänet ristiinnaulittiin kahden ryövärin kanssa. Toinen ryöväreistä katui, toinen ei. Jeesus toteutti ennustuksen. Se että hänet ristiinnaulittiin kahden rosvon väliin kuvaa maailman kahta ihmisjoukkoa, pelastettuja ja kadotettuja. Hänet ristiinnaulittiin ryövärien keskelle, koska Jeesusta pidettiin suurimpana rikollisena näistä kolmesta. *"Minä annan hänelle paikan suurten joukossa, hän saa jakaa saalista mahtavien kanssa, koska hän antoi itsensä kuolemalle alttiiksi ja hänet luettiin rikollisten joukkoon."* (Jes. 53:12). *"Samalla kertaa he ristiinnaulitsivat kaksi rosvoa, toisen hänen oikealle, toisen hänen vasemmalle puolelleen."* (Mark. 15:27).

Profeetta Joonan uskotaan eläneen 700-luvulla ennen ajanlaskuamme Niinivessä. Se on Mesopotian vanhimpia kaupunkeja ja muinaisen Assyrian pääkaupunki. Joonaa oli saanut Herralta käskyn mennä Niiniveen ja saarnata parannuksen sanomaa sen pahuuden takia. Kun Joona oli pakomatkalla Herraa myrskyävällä merellä laivassa, se oli uppoamaisillaan. Joona otti syyn niskoilleen ja pyysi laivan miehiä heittämään hänet veteen pelastaakseen heidät. Joona kertoo olleensa ison kalan vatsassa kolme päivää ja kolme yötä. Tämä aikamäärä tarkoittaa yhtä vuorokautta lisättynä kahden vuorokauden osalla. Jeesus täytti tämän ennustuksen ollessaan haudassa. *"Mutta Herra pani suuren kalan nielaisemaan Joonan. Joona oli kalan vatsassa kolme päivää ja kolme yötä."* (Joona 2:1). *"Mutta Jeesus vastasi heille: "Tämä paha ja uskoton sukupolvi vaatii merkkiä, mutta ainoa merkki, joka sille annetaan, on Joonan merkki. Niin kuin profeetta Joona oli meripedon vatsassa kolme päivää ja kolme yötä, niin on Ihmisen Poika oleva maan povessa kolme päivää ja kolme yötä."* (Matt. 12:39, 40).

Luku 10
Ennustuksia II

Profeetta Daniel kuului Juudan sukukuntaan ja vietiin jo nuorena (605 eKr.) pakkosiirtolaisuuteen Baabeliin. Hän kuului ylhäiseen juutalaiseen sukuun ja pääsi kuningas Nebukadnessarin hoviin, missä hän selvitti kuninkaan unien merkityksen ja saavutti ystävineen huomattavan aseman valtakunnan palveluksessa. Profeetta Daniel kertoi noin 500 vuotta eKr. koko maailman historian kuvapatsaan muodossa aina Babylonin ajasta Jeesukseen tulemukseen asti. Ennustetut valtakunnat olivat Babylon – Meedo-Persia – Kreikka – Rooma – Euroopan valtiot – Euroopan unioni – Jumalan valtakunta. Jeesus tulee maailman lopussa murskaamaan kaikki valtakunnat ja perustaa oman ikuisen valtakunnan. *"Niin kuin sinä näit, että vuoresta lähti vierimään kivi käden koskematta ja murskasi raudan, pronssin, saven, hopean ja kullan. Suuri Jumala on ilmoittanut kuninkaalle, mitä pian on tapahtuva, ja uni on tosi, ja sen selitys on oikea."* (Dan. 2:45).

Profeetta Daniel eli runsaat 500 vuotta ennen Jeesuksen syntymää. Hän kertoi tuomion alkamisen taivaallisessa pyhäkössä. Tämän ennustuksen mukaan se alkoi vuonna 1844 jKr. Silloin alettiin käsitellä uskovien ihmisten elämänkirjat, jotta pelastettujen nimet ovat selvillä ennen Jeesuksen takaisintuloa. Tässä oikeuden käynnissä Jeesus toimii kaikkien elämän kirjassa olevien puolustajana ja tuomarina. Meidän asiamme ovat siksi mitä parhaimmissa käsissä. Hän ei tule epäonnistumaan. Hän tulee vetoamaan suureen uhriinsa Golgatan ristillä. Hän tulee vetoamaan, että kaikkien uskossa olevien synnit pyyhittäisiin lopullisesti pois elämänkirjasta. Tällainen Jumala meillä on, jonka rakkaus ja armo ovat vertaansa vailla. *"Toinen vastasi: "Niin kauan, että kaksituhatta kolmesataa iltaa ja aamua on kulunut; sitten nousee pyhäkkö taas kunniaan."* (Dan. 8:14). *"Hän kuulutti kovalla äänellä: "Pelätkää Jumalaa ja antakaa hänelle kunnia – hänen tuomionsa aika on tullut! Kumartakaa häntä, joka on luonut taivaan, maan ja meren ja vesien lähteet."* (Ilm. 14:6).

Profeetta Daniel kertoi aikaennustuksen, jossa on vuosien tarkkuudella ilmoitettu Jeesuksen kaste. Tämän ennustuksen mukaan Jeesus kastetaan vuonna 27 jKr. Ennustus toteutui tarkalleen. Ennustuksessa Jerusalemin jälleenrakentamiskäsky annettiin vuona 457 eKr. (Esra 6:14). Siitä oli kuluva voideltuun ruhtinaaseen eli Jeesuksen kasteeseen seitsemän vuosiviikkoa ja 62 vuosiviikkoa eli päivä/vuositulkinnan mukaan 483 vuotta. Kun tämä lisätään vuoteen 457 eKr. ottaen huomioon nollavuoden, tullaan vuoteen 27 jKr., jolloin Johannes kastoi Jeesuksen Jordanilla. Luukkaan evankeliumi kertoo, että Jeesus kastettiin keisari Tiberiuksen 15. hallitusvuotena, joka on historian mukaan sama kuin vuosi 27 jKr. *"Ja tiedä ja käsitä: siitä ajasta, jolloin tuli se sana, että Jerusalem on jälleen rakennettava, voideltuun, ruhtinaaseen, asti, on kuluva seitsemän vuosiviikkoa; ja kuusikymmentäkaksi vuosiviikkoa."* (Dan. 9:25). *"Ja Pyhä Henki laskeutui hänen ylleen näkyvässä muodossa, kyyhkysen kaltaisena. Ja taivaasta kuului ääni: "Sinä olet minun rakas Poikani, sinuun minä olen mieltynyt."* (Luuk. 3:22).

Profeetta Sakarja oli pappissukua ja eli 500-luvulla eKr. Sakarja toimi pappina ja profeettana Jerusalemissa, kun kansanosa oli palannut pakkosiirtolaisuudesta takaisin luvattuun maahan. Hän kuului Leevin heimoon. Sakarja näki Herran antamia näkyjä. Hän ennusti erityisen paljon Messiaasta ja Israelin kääntymyksestä lopun aikana. Sakarja kirjoitti noin 500 vuotta eKr., että Jeesus kavallettaisiin 30 hopearahalla. Juudas toteutti tämän ennustuksen. Juudaksen epäjumala oli mammona. Rakkaus rahaan voitti hänen rakkautensa Kristukseen. Juudas toteutti tämän maailman inhottavimman teon myymällä Jeesuksen 30 hopearahasta niin kuin Sakarja oli ennustanut noin 500 vuotta aikaisemmin. 30 hopearahaa vastasi silloin vain orjan hintaa. Juutalaiset papit olivat osallisena ennustukseen. He määräsivät tietämättään tuon summan kirjoitusten mukaan. *"Sitten sanoin heille: "Jos hyväksi näette, maksakaa minulle palkkani. Ellei se käy, olkaa maksamatta." Niin he antoivat minulle palkaksi vaivaiset kolmekymmentä hopearahaa."* (Sakarja 11:12). *" Silloin yksi kahdestatoista opetuslapsesta, Juudas Iskariot, meni ylipappien luo ja sanoi: "Paljonko maksatte minulle, jos toimitan hänet teidän käsiinne?" He sopivat hänen kanssaan kolmestakymmenestä hopearahasta."* (Matt. 26:14, 15).

Israelin profeetta Sakarja kirjoitti, että opetuslapset pakenisivat heti Jeesuksen kiinnioton jälkeen. Näin tapahtui. *"Kohoa, miekka, paimentani kohti, nouse uskottuani vastaan! sanoo Herra Sebaot. Minä lyön paimenen maahan, ja lauman lampaat joutuvat hajalle, pienimpiäkin vastaan minä kohotan käteni."* (Sak. 13:7). *"Mutta kaikki tämä on tapahtunut, jotta profeettojen kirjoitukset kävisivät toteen." Silloin kaikki opetuslapset jättivät hänet ja pakenivat. Opetuslapset jättivät Jeesuksen."* (Matt. 26:6).

Profeetta Sakarja kirjoitti, mitä Juudas tulisi tekemään saamillaan 30 hopearahalla. Ennustus toteutui tarkalleen. Juudas vei rahat temppeliin ja niillä ostettiin savenvalajan pelto Juudaksen hautapaikaksi. *"Herra sanoi minulle: "Vie ne temppeliin ja viskaa metallinsulattajalle. Näin korkean hinnan arvoisena he minua pitävät!" Minä viskasin ne kolmekymmentä hopearahaa metallinsulattajalle, Herran temppeliin."* (Sak. 11:13). *"Neuvoteltuaan he päättivät ostaa niillä savenvalajan pellon muukalaisten hautapaikaksi."* (Matt. 27:7).

Profeetta Malakia oli VT:n viimeinen profeetta pakkosiir-
tolaisuudesta (538 eKr.) palanneen kansanjäännöksen jou-
kossa. Hän toimi luultavasti Nehemian poissa ollessa syn-
tyneen hämmingin aikana 400-luvun alkupuolella eKr. Hän
oli ennustanut, että Jumala lähettää Johannes Kastajan val-
mistamaan tietä Herran tulemiselle. Näin oli myös Jesaja
ennustanut. *"Minä lähetän sanansaattajani raivaamaan edel-
läni tietä. Ja aivan äkkiä tulee temppeliinsä Valtias, jota te
odotatte, ja Liiton enkeli, jota te kaipaatte. Hän saapuu, sa-
noo Herra Sebaot."* (Mal. 3:1). *"Ääni huutaa: – Raivatkaa au-
tiomaahan Herralle tie! Tasoittakaa yli aron valtatie meidän
Jumalallemme"!* (Jes. 40:3).

Jeesus on täyttänyt elämänsä aikana jokaisen Raamatun en-
nustuksen. Tämän pitäisi olla niin varma ja vastaansanoma-
ton todistus Jeesuksen jumaluudesta. Jeesus ei ollut käynyt
kouluja, mutta siitä huolimatta hänellä oli kaikki tieto ja vii-
saus. Hän oli suurin maailmassa elänyt ihminen, vaikka hän
ei kirjoittanut riviäkään toiminnastaan. Jopa ajanlaskum-
mekin alkaa hänen syntymästään. Jeesus on todella iankaik-
kinen Jumala, taivaan ja maan luoja.

Raamattu on ihmeellinen kirja. Se kertoo kaiken sen etukä-
teen, minkä Jumala on hyväksi nähnyt ilmoittaa omilleen.
Raamattu ei rajoitu pelkästään Jeesuksen ennalta ilmoit-
tamiseen, vaan siinä on ilmoitettu etukäteen koko maail-
manhistoria ja näin myös maailman tulevaisuus. Jos Raa-
mattu ei olisi Jumalan sanaa, siinä olisi jo ilmennyt lukemat-
tomia virheitä. Tämä on vääjäämätön todistus sen jumalal-
lisesta alkuperästä.

Rukous

Kiitos rakas Herramme, Isä, Poika ja Pyhä Henki, Raamatusta. Nyt kiitämme erityisesti Vanhasta testamentista. Kiitämme Aabrahamista ja hänen uskostaan, Mooseksesta ja hänen nöyryydestään, Joosefista ja hänen uskollisuudestaan kiusausten kohdatessa ja Daavidista ja hänen syvästä katumuksestaan, kun hän oli tehnyt syntiä sekä sinun täydellisestä anteeksiannostasi syntiselle.

Rakas Jumala anna meille kaikki syntimme anteeksi, pienet ja suuret. Anna meille niitä hyviä luonteenpiirteitä, joita oli sinun palvelijoillasi. Kiitos, että Vanhan testamentin ihmiset sinun tulevaan ristinsovitukseen vedoten saivat syntinsä anteeksi, kun he toivat eläimen uhriksi ja tunnustivat syntinsä. Kiitos, että me saamme syntimme anteeksi katsomalla taaksepäin Jeesuksen ristiin. Auta meitä lukemaan sinun pyhää sanaasi, oppimaan siitä ja ymmärtämään, että Vanha testamentti on kertomusta tulevasta maailman Vapahtajasta. Siunaa meitä kaikkia. Nimessäsi Aamen.

Luku 11
Jeesuksen syntymä
– – Samarialainen
nainen kaivolla

Keisari Augustuksen käskystä Joosefin ja Marian oli mat-
kustettava Nasaretista Betlehemiin verolle panoa var-
ten. Kun aika oli täyttynyt, Jeesus syntyi Betlehemis-
sä tallissa, koska majatalossa ei ollut sijaa. Paimenet olivat tut-
kineet kirjoituksia ja keskustelivat luvatusta Vapahtajasta ja
odottivat häntä. Silloin enkeli ilmestyi paimenille ja ilmoitti
heille ilosanoman Vapahtajan syntymästä. Enkeli valmisti hei-
dät Vapahtajan alhaiseen ja köyhään syntymään ja opasti heitä
löytämään Jeesus-lapsen. He löysivät Marian, Joosefin ja lap-
sen. Lähtiessään tallista he suuresti iloitsivat ja kertoivat muil-
le, mitä olivat nähneet ja kuulleet. *"Yhtäkkiä heidän edessään
seisoi Herran enkeli, ja Herran kirkkaus ympäröi heidät. Pelko
valtasi paimenet, mutta enkeli sanoi heille: "Älkää pelätkö! Minä
ilmoitan teille ilosanoman, suuren ilon koko kansalle. Tänään
on teille Daavidin kaupungissa syntynyt Vapahtaja. Hän on Kris-
tus, Herra."* (Luuk. 2:9–11).

Rehelliset idän tietäjät olivat tutkineet Israelin pakkosiirtolai-
suuden aikana sinne jääneitä heprealaisia kirjoituksia ja toden-
neet, että Vapahtajan tulo oli lähellä ja että hän syntyisi Betle-
hemissä. Jumala ilmoitti heille unessa tarkan ajan, milloin hei-
dän oli lähdettävä Betlehemiin. He olivat vaikutusvaltaisia rik-
kaita tiedonhaluisia miehiä. Heillä oli mukanaan paljon lahjo-

ja, jotka he antoivat lapsen vanhemmille. *"Kun Jeesus oli syntynyt Juudean Betlehemissä kuningas Herodeksen aikana, Jerusalemiin tuli idästä tietäjiä. He kysyivät: "Missä se juutalaisten kuningas on, joka nyt on syntynyt? Me näimme hänen tähtensä nousevan taivaalle ja tulimme osoittamaan hänelle kunnioitustamme."* (Matt. 2:1, 2).

Idän tietäjät saapuivat katsomaan Jeesus-lasta tähden ohjaamana, joka pysähtyi sen talon eteen, jossa lapsi oli. Tähti oli sama kuin paimenille ilmestynyt enkelijoukko, joka siirtyi heidän edellään. Tähdillä kuvataan Raamatussa enkeleitä (Job 38:7, Ilm. 1:20). *"Kun tähti tuli sen paikan yläpuolelle, missä lapsi oli, se pysähtyi siihen. Miehet näkivät tähden, ja heidät valtasi suuri ilo. He menivät taloon ja näkivät lapsen ja hänen äitinsä Marian. Silloin he maahan heittäytyen kumarsivat lasta, avasivat arkkunsa ja antoivat hänelle kalliita lahjoja: kultaa, suitsuketta ja mirhaa."* (Matt. 2:9–11).

Paholainen ryhtyi heti taisteluun ja yritti kuningas Herodeksen kautta tuhota Jeesus-lapsen, mutta Jumala käski unessa vanhempia menemään Egyptiin. Lahjat olivat tarpeen heille matkaa varten. Herodes oli kuullut tulevasta Vapahtajasta ja pelkäsi kilpailijaa. Kun Herodes oli kuollut, he palasivat takaisin Nasaretin kaupunkiin. *"Joosef heräsi unestaan, otti heti yöllä mukaansa lapsen ja hänen äitinsä ja lähti kulkemaan kohti Egyptiä. Siellä hän pysytteli Herodeksen kuolemaan asti. Näin kävi toteen, mitä Herra oli profeetan suulla ilmoittanut: "Egyptistä minä kutsuin poikani."* (Matt. 2:14 ,15).

Jeesuksen edelläkävijä Johannes Kastaja kastoi Jeesuksen, niin kuin profeetta Daniel oli ilmoittanut tapahtuvan vuonna 27 jKr. Keisari Tiberiuksen 15. hallitusvuosi on historian mukaan juuri sama vuosi. Johannes opetti ja toimi profeetta Elian hengessä julistaen Jeesuksen ensimmäistä tulemusta todistaen, että Jeesus oli luvattu Messias, maailman Vapahtaja. *"Keisari Tiberiuksen viidentenätoista hallitusvuotena, Paljon kansaa oli kastettu. Kun myös Jeesus oli kastettu, niin taivas aukeni hänen rukoillessaan ja Pyhä Henki laskeutui hänen ylleen näkyvässä muodossa, kyyhkysen kaltaisena. Ja taivaasta kuului ääni: "Sinä olet minun rakas Poikani, sinuun minä olen mieltynyt."* (Luuk. 3:1, 21, 22).

Kun Jeesus kastettiin, ja kyyhkynen laskeutui taivaasta hänen päälleen, Johannekselle valkeni, että Jeesus oli luvattu maailman Vapahtaja. Kun vielä Jumalan kirkkaus ympäröi Jeesuksen ja Jumalan ääni kuului taivaasta, Johannes lopullisesti ymmärsi kastaneensa maailman Lunastajan. Käsi ojennettuna Jeesusta kohti, hän huusi: "Katsokaa: Jumalan Karitsa, joka ottaa pois maailman synnin"! Karitsa viittasi Jeesuksen uhrikuolemaan. Jeesus antoi esimerkin upotuskasteesta, jonka hän asetti todistukseksi uskoon tulosta ja Jeesukselle jättäytymisestä. Ihminen alkaa kasteen jälkeen uuden elämän syntinsä anteeksisaaneena. *"Hän sanoi heille: "Menkää kaikkialle maailmaan ja julistakaa evankeliumi kaikille luoduille. Joka sen uskoo ja saa kasteen, on pelastuva. Joka ei usko, se tuomitaan kadotukseen."* (Mark. 16:15, 16). *"Myös Johannes kastoi edelleen; hän oli Ainonissa, Salimin lähellä, missä oli runsaasti vettä, ja ihmisiä tuli sinne kastettaviksi."* (Joh.3:23).

Kun Jeesus aloitti toimintansa kasteen jälkeen, paholainen yritti saada autiomaassa Jeesuksen luopumaan tehtävästään. Jeesus oli autiomaassa 40 päivää ja paastosi ja oli nälän heikentämä ja paholainen käytti hänen heikkoa tilaansa hyväksi erilaisilla kiusauksilla saadakseen hänet lankeamaan syntiin. Jeesus torjui paholaisen kaikki kiusaukset Raamatun kirjoituksilla, jolloin paholainen jätti hänet toistaiseksi. Jeesus antoi meille esimerkin kiusausten voittamiseksi. *"Jeesus vastasi: "On kirjoitettu: 'Ei ihminen elä ainoastaan leivästä.'"* - - *Jeesus vastasi: "On kirjoitettu: 'Herraa, Jumalaasi, sinun tulee kunnioittaa ja ainoastaan häntä palvel-*

la.'" - - Jeesus vastasi: "On myös sanottu: 'Älä kiusaa Herraa, Jumalaasi." (Luuk. 4:4, 8, 12).

Saatana epäonnistui kiusatessaan Jeesusta ja niin Jeesus aloitti toimintansa saarnaten evankeliumia ja parantaen sairaita. Näin hän taisteli maan päällä saatanaa vastaan. Hän vapautti ihmisiä saatanan vallasta, jossa he olivat olleet monia vuosia. Hän toimii voimallisesti kaikkien niiden puolesta, jotka uskovat häneen. Saatanalle avautui nyt uusi työkenttä ja hän lähti voimallisesti vastustamaan Jeesuksen toimintaa. *"Jeesus kulki sitten joka puolella Galileaa. Hän opetti seudun synagogissa, julisti ilosanomaa Jumalan valtakunnasta ja paransi kaikki ihmisten taudit ja vaivat."* (Matt. 4:23).

Jeesus kutsui tavallisen kansan keskuudesta 12 apostolia kouluttaakseen heidät jatkamaan hänen työtään evankeliumin julistamisessa ja sairaiden parantamisessa. Hän tiesi etukäteen, että näistä hänen kutsumistaan opetuslapsista tulisi hänen seuraajiaan. Hän tunsi myös Juudaksen luonteen, mutta hyväksyi hänet, jotta kirjoitukset toteutuisivat. Näin hän sulki myös kaikki maailman uskovat ihmiset yhteiskuntaluokkaan ja rotuun katsomatta kulkemaan hänen jalanjäljissään. *"Jeesus kutsui kaksitoista opetuslastaan luokseen ja antoi heille vallan karkottaa saastaisia henkiä ja parantaa kaikkia tauteja ja vaivoja."* (Matt. 10:1).

Jeesuksen ensimmäinen ihmetyö oli veden muuttaminen viiniksi. Se tapahtui hänen äitinsä toivomuksesta. Jeesus teki tämän ensimmäisen ihmetyön kunnioittaakseen äitinsä luottamusta häneen ja vahvistaakseen opetuslastensa uskoa. Hääjuhlassa käytetty viini oli käynyt jo alkoholipitoiseksi. Jeesuksen vedestä muuttama viini oli tuoretta vasta puristettua viinirypälemehua. *"Näin sanoo Herra: - Kun viinirypäleet ovat mehukkaita, sanotaan: "Varokaa turmelemasta niitä, niissä on siunaus."* (Jes. 65:8). *"Viinissä on rehentely, oluessa rettelö, päihtyneenä hoippuva on älyä vailla."* (San. 20:1).

Uudestisyntyminen on pelastuksen perusedellytys. Jeesus ilmaisi tämän evankeliumin ydinsalaisuuden vaikutusvaltaiselle juutalaisten neuvoston jäsenelle fariseus Nikodemokselle, joka oli tutkinut innokkaasti ennustuksia Messiaasta ja tullut vakuuttuneeksi Jeesuksen jumaluudesta. Nikodemos vastaanotti Jeesuksen luvattuna Messiaana. Se ilmenee siinä, että hän osallistui Jeesuksen hautaamiseen. Hänestä tuli uskollinen Jeesuksen seuraaja, joka auttoi seurakuntaa varoillaan. Nikodeemus on esimerkkinä rikkaasta hallitusmiehestä, joka halusi sydämen pohjasta oppia tuntemaan Jeesuksen ja elämäntien. *"Jeesus vastasi hänelle: "Totisesti, totisesti: jos ihminen ei synny uudesti, ylhäältä, hän ei pääse näkemään Jumalan valtakuntaa."* (Joh. 3:3). *"Paikalle tuli myös Nikodemos, se mies, joka ensi kerran oli käynyt Jeesuksen luona yöllä, ja hänellä oli mukanaan sata mittaa mirhan ja aaloen seosta."* (Joh. 19:39).

Juutalaiset halveksivat samarialaisia pakanoita ja välttivät kaikkea kosketusta heidän kanssaan. Jeesus halusi poistaa tämän harhakäsityksen keskustellessaan samarialaisen naisen kanssa kaivolla. Hän ilmoitti naiselle olevansa Messias. Naisella oli vastaanottavainen sydän. Jeesus ilmaisi hänelle myös jumalanpalveluksen perusedellytyksen palvella ja rukoilla Jumalaa hengessä ja totuudessa. Nainen uskoi Jeesukseen ja myös samarialaiset tulivat uskoon hänen todistuksensa kautta. Tämä vaimo on meille esimerkkinä, mitä usko saa aikaan. Hänelle tuli hätä samarialaisista ja hän halusi johtaa heidät pelastuksen tielle. Tämä on myös meidän jokaisen velvollisuus. *"Tulee aika – ja se on jo nyt – jolloin kaikki oikeat rukoilijat rukoilevat Isää hengessä ja totuudessa. Sellaisia rukoilijoita Isä tahtoo."* (Joh. 4:23).

Luku 12
Johannes Kastaja
- - Laupias
samarialainen

Herodes oli heittänyt Johannes Kastajan vankilaan, koska tämä oli syyttänyt Herodesta synnillisestä suhteestaan veljensä vaimoon Herodiaseen. Kun Herodes vietti syntymäpäiviään ja katseli Herodiaan tyttären tanssia, hän lupasi antaa hänelle, mitä hän vain pyysi. Herodias houkutteli petollisesti tyttärensä pyytämään Johanneksen päätä, johon Herodeksen oli suostuttava lupauksensa mukaan. Jeesus ei auttanut Johannesta, koska Johannes Kastajan kohtalo oli todistus hänen suuruudestaan ja uskostaan Vapahtajaan. Johannes kastaja oli täyttänyt tehtävänsä Jeesuksen edelläkävijänä. Jeesus tiesi hänen kestävän uskonsa koetuksen. (Matt. 11:11). *"Äitinsä yllytyksestä tyttö sanoi: "Anna minulle nyt heti vadilla Johannes Kastajan pää."* (Matt. 14:8). *"Totisesti: yksikään naisesta syntynyt ei ole ollut Johannes Kastajaa suurempi, mutta kaikkein vähäisin, joka on taivasten valtakunnassa, on suurempi kuin hän."*

Pietari oli masentunut Johannes Kastajan kohtalosta ja ollessaan kalastamassa myös tyhjistä verkoistaan. Silloin Jeesus kehotti Pietaria heittämän verkot veneen oikealle puolelle. Kaloja tuli kaikkiaan kaksi veneellistä. Tämä oli Pietarille sellainen ihme, että hän ja opetuslapsetkin jättäytyivät kokonaan Jeesukselle. Pietarin kalansaalis oli todistus hänelle ja meille kaikille Jeesuksen jumalallisesta voimasta, joka saa ihmisen tuntemaan synnillisyytensä. Ainoastaan synnin tunto ja luottamus Jumalan armoon tekee ihmisestä sielujen kalastajia. *"Tämän nähdessään Simon Pietari lankesi Jeesuksen jalkoihin ja sanoi: "Mene pois minun luotani, Herra! Minä olen syntinen mies." Hän ja koko hänen venekuntansa olivat pelon ja hämmennyksen vallassa kalansaaliin tähden, Mutta Jeesus sanoi hänelle: "Älä pelkää. Tästä lähtien sinä olet ihmisten kalastaja."* (Luuk. 5:8–10).

Vuorisaarnassaan Jeesus pyrki valistamaan opetuslapsia ja kansaa oikealla käsityksellä Jumalan valtakunnasta ja sen periaatteista. Vuorisaarna on Raamatun kuvaama Jeesuken tunnetuin saatna. Jotkut tutkijat ovat ajatelleet, että saarna on mahdollisesti pidetty Genesaretinjärven pohjoispuolella sijaitsevalla vuorella lähellä Kapernaumia. Sitä pidetään niin täydellisenä elämän ohjeena, ettei toisinajattelijoillakaan ole mitään vastaansanomista. *"Autuaita ovat hengessään köyhät, sillä heidän on taivasten valtakunta. Autuaita murheelliset: he saavat lohdutuksen. Autuaita kärsivälliset: he perivät maan. Autuaita ne, joilla on vanhurskauden nälkä ja jano: heidät ravitaan. Autuaita ne, jotka toisia armahtavat: heidät armahdetaan. Autuaita puhdassydämiset: he saavat nähdä Jumalan. Autuaita rauhantekijät: he saavat Jumalan lapsen nimen. Autuaita ovat ne, joita vanhurskauden vuoksi vainotaan: heidän on taivasten valtakunta."* (Matt. 5:3–10).

Opetuslasten pelko myrskyävällä merellä ja Jeesuksen tyynnyttämä myrsky olivat opetuksena heille luottamuksesta Jumalan huolenpitoon ja näin se on meillekin maailman kiusauksissa ja myrskyissä. Jeesuskin luotti myrskyssä Jumalan huolenpitoon, niin meidänkin tulee luottaa uskossa Vapahtajaan. Hän on meidän auttajamme kaikissa tilanteissa. *"Silloin hän nousi, nuhteli tuulta ja käski merta: "Vaikene, ole hiljaa!" Tuuli asettui, ja tuli aivan tyven. Jeesus sanoi heille: "Miksi te noin pelkäätte? Eikö teillä vieläkään ole uskoa?"* (Mark. 4:39, 40). *"Kun nyt Jumala on tehnyt meidät, jotka us-*

komme, vanhurskaiksi, meillä on Herramme Jeesuksen Kristuksen ansiosta rauha Jumalan kanssa." (Room. 5:1).

Jeesuksen ruokkimisihme viidelle tuhannelle miehelle, joiden joukossa oli myös naisia ja lapsia, oli opetus Jumalan antaman ravinnon huolenpidosta, sen yksinkertaisuudesta ja säästäväisyydestä sekä jakamisesta vähäosaisille. Hän opetti tällä ihmeellä kansalle ja niin myös meille, että hän huolehtii myös tarvittaessa meidän ajallisista ja hengellisitä tarpeistamme. Tässä on myös meille opetus hengellisessä työssä toimia viisaasti ja säästäväisesti voidaksemme auttaa lähimmäisiämme. *"Mutta Jeesus sanoi: "Ei heidän tarvitse mihinkään mennä. Antakaa te heille syötävää."* (Matt. 14:16). *"Hän, joka antaa kylväjälle siemenen ja suo ravinnoksi leivän, antaa teillekin siemenen ja moninkertaistaa sen, ja hän sallii teidän hyvyytenne sadon karttua. Te saatte kaikkinaista rikkautta ja voitte osoittaa runsaasti anteliaisuutta."* (2. Kor. 9:10, 11).

Opetuslasten ollessa järvellä peloissaan myrskyn kourissa Jeesus ilmestyi heidän luokseen kävellen veden päällä. Hän ei ollut unohtanut opetuslapsiaan, vaan oli heidän kanssaan valvomassa heitä. Hän kutsui Pietarin luokseen, mutta Pietari alkoi peloissaan vajota, kun hän katsoi myrskyä ja irrotti katseensa Jeesuksesta. Hän huusi: "Herra auta minua!" Hän ei luottanut Jeesukseen ja alkoi siksi vajota. Vasta kun hän kääntyi Jeesukseen puoleen, Herra auttoi häntä. Hän huolehtii myös meitä uskovia elämän myrskyissä. Tällä Jeesus opetti heille ja myös meille, ettei pidä luottaa omaan voimaan vaan Vapahtajaan. *"Älä pelkää. Minä olen lunastanut sinut. Minä olen sinut nimeltä kutsunut, sinä olet minun. Kun kuljet vesien halki, minä olen sinun kanssasi, kun virtojen poikki, ne eivät tempaa sinua mukaansa, kun astut tulen lävitse, sinä et pala eikä liekki sinua polta. Minä, Herra, olen sinun Jumalasi."* (Jes. 43:1–3).

Kun paholainen ei saanut Jeesusta luopumasta tehtävästään. Hän taisteli Jeesusta vastaan pimittämällä juutalaisten ymmärryksen ja yllyttämällä johtajia ja hallitusmiehiä surmaamaan Jeesuksen. Rajallinen mieli ja uudestisyntymätön ihminen ei ymmärrä Raamatun suuria totuuksia. Näin oli juutalaisten hengellisten johtajien laita. He eivät voineet käsittää, että köyhä puusepän poika olisi heitä viisaampi. Heissä heräsi kateus Jeesukseen. He olivat sitä miltä, että hän teki ihmetyönsä paholaisen voimalla ja siksi he alkoivat vainota häntä ja saivat kansaa mukaan. *"Kuinka te ette ymmärrä, etten minä puhunut teille leivistä? Varokaa fariseusten ja saddukeusten hapatetta."* (Matt. 16:1). *"Tämän jälkeen Jeesus kiersi eri puolilla Galileaa. Juudeassa hän ei halunnut liikkua, koska juutalaiset etsivät tilaisuutta tappaa hänet."* (Joh. 7:1).

Jeesus vahvisti opetuslasten uskoa kirkastusvuorella, jossa taivaassa olevat Mooses ja Elia ilmestyivät muutamalle opetuslapselle. Mooses edusti niitä, jotka herätetään Jeesuksen tullessa ja Elia niitä, jotka muutetaan kuolemaa kokematta. Sitten heidät yhdessä viedään taivaaseen. Nyt heille valkeni, että Jeesus oli todella luvattu Vapahtaja, josta profeetat olivat todistaneet. Siellä he kuulivat Jumalan äänen vakuuttavan Jeesuksen jumaluuden. *"Siellä hänen ulkomuotonsa muuttui heidän nähtensä: hänen kasvonsa loistivat kuin aurinko ja hänen vaatteensa tulivat valkeiksi kuin valo. Samassa heille ilmestyivät Mooses ja Elia, jotka keskustelivat Jeesuksen kanssa."* (Matt. 17:2, 3). *"Pietarin vielä puhuessa loistava pilvi verhosi heidät ja pilvestä kuului ääni: "Tämä on minun rakas Poikani, johon minä olen mieltynyt. Kuulkaa häntä."* (Matt. 17:5).

Jeesuksen kertomus isännästä, joka palkkasi työmiehiä viinitarhaansa päivän eri aikoina on lohduttava kertomus siitä, kuinka ihmiset voivat vielä elämänsä loppupuolella saada saman palkan Jumalan valtakunnassa. Raamattu antaa ymmärtää, että ihmisen olisi otettava Jeesus vastaan jo nuorena, koska hän on silloin herkällä ja vastaanottavaisella mielellä *"Nämä viimeksi tulleet tekivät työtä yhden ainoan tunnin, ja silti sinä annat heille saman kuin meille, jotka olemme kantaneet päivän kuorman ja helteen.' Mutta isäntä sanoi yhdelle miehistä: 'Ystäväni, enhän minä tee sinulle vääryyttä. Emmekö me sopineet denaarista."* (Matt. 20:12, 13).

Jeesuksen kertomus laupiaasta samarialaisesta on opetuksena kaikille kristityille kaikkien lähimmäisten auttamiseksi katsomatta omiin tarpeisiin, rotuun tai ihmiseen. Jeesus kertoi samarialaisesta eräälle lainoppineelle vastatakseen tämän kysymykseen, kuka on lähimmäinen. Kertomuksen mukaan maantierosvot ryöstivät ja pahoinpitelivät erään miehen puolikuoliaaksi hänen ollessaan matkalla Jerusalemista Jerikoon. Hänen ohitseen kulki ensin muuan pappi ja sitten leeviläinen, mutta kumpikaan ei antanut hänelle apua. Sen jälkeen ohi kulki muuan juutalaisten halveksima samarialainen, joka armahti häntä ja auttoi ja hoiti hänet terveeksi. *"Kuka näistä kolmesta sinun mielestäsi oli ryöstetyn miehen lähimmäinen?"* Lainopettaja vastasi: *"Se, joka osoitti hänelle laupeutta."* Jeesus sanoi: *"Mene ja tee sinä samoin."* (Luuk. 10:36, 37). *"Herra, milloin me näimme sinut nälissäsi tai janoissasi, kodittomana tai alasti, tai sairaana tai vankilassa, emmekä auttaneet sinua?' Silloin hän vastaa heille: 'Totisesti: kaiken, minkä te olette jättäneet tekemättä yhdelle näistä vähäisimmistä, sen te olette jättäneet tekemättä minulle."* (Matt. 25:44, 45).

Luku 13
Ramman parantaminen
- - Jeesus Getsemanessa

Jeesus paransi 38 vuotta rampana olleen miehen Betesdan lammikolla sapattina, mikä herätti suuttumusta fariseuksissa, koska oli sapatti. Uskottiin, että kun sairas ehtii ensimmäisenä astumaan lammikkoon, niin hän parantuu. Rammalla ei ollut siihen mahdollisuutta, koska joku muu ehti aina ennen häntä. Näin Jeesus halusi valaista juutalaisia siitä, että he olivat vääristäneet lain orjuuden ikeeksi. Rampa mies uskoi ja totteli Jeesusta ja niin hän parantui. *"Jeesus sanoi hänelle: "Nouse, ota vuoteesi ja kävele."* Mies tuli heti terveeksi, otti vuoteensa ja käveli. Mutta se päivä oli sapatti."* (Joh. 5:8, 9). *"Jeesus vastasi heille: - Kyllä sapattina on lupa tehdä hyvää."* (Matt. 12:12).

Fariseukset pyysivät Jeesukselta merkkiä hänen jumaluudestaan. He eivät uskoneet kirjoituksiin. Epäuskonsa tähden Jeesus antoi heille vain Joonaan merkin kertoen sillä kuolemastaan. Myös nykyaikana etsitään merkkejä ja ihmeitä. Usko on perustuttava ensi sijassa kirjoituksiin eikä ihmeisiin, koska paholainen tekee myös ihmeitä. On olemassa juutalainen sananparsi, jossa kolme päivää tarkoittaa vuorokauden osia. Näin ollen Jeesuksen haudassa olo perjantaista sunnuntaihin sisältää kolme vuorokautta. *"Mutta Jeesus vastasi heille: "Tämä paha ja uskoton sukupolvi vaatii merkkiä, mutta ainoa merkki, joka sille annetaan, on Joonan merkki. Niin kuin profeetta Joona oli meripedon vatsassa kolme päivää ja kolme yötä, niin on Ihmisen Poika oleva maan povessa kolme päivää ja kolme yötä."* (Matt. 12:39, 40).

Kun opetuslapset kysyivät Jeesukselta maailmanlopun merkkejä, hän ei vastannut suoraan. Jeesus sekoitti asioita Jerusalemin hävityksestä ja maailmanlopusta limittäin. Tällaista profetiaa nimitetään kaksoisprofetiaksi. Tämä opetus on annettu, ei ainoastaan heidän, vaan myös lopun ajan ihmisten tutkittavaksi. *"Kun Jeesus sitten istui Öljymäellä eikä siellä ollut muita, opetuslapset tulivat hänen luokseen ja kyselivät: "Sano meille, milloin se kaikki tapahtuu. Mikä on merkkinä sinun tulostasi ja tämän maailman lopusta?" Jeesus vastasi: Varokaa, ettei kukaan johda teitä harhaan."* (Matt. 24:3, 4).

Jeesuksen suorittama lasten siunaus on esimerkki kaikille seuraajilleen kasvattaa lapsia rakastamaan Jumalaa ja kertomaan heille Jeesuksen rakkaudesta ja hänen opetuksistaan. Siemen on istutettava jo heihin lapsena, koska he ovat silloin erittäin alttiita Jumalan sanalle ja usko säilyy heidän mielessään vanhempanakin ja näin he varjeltuvat maailman houkutuksilta. Onnellisia ovat ne lapset, jotka syntyvät uskoville vanhemmille. *"Mutta Jeesus sanoi: "Antakaa lasten olla, älkää estäkö heitä tulemasta minun luokseni. Heidän kaltaistensa on taivasten valtakunta."* (Matt. 19:14). *"Pidä aina mielessäsi nämä käskyt, jotka minä sinulle tänään annan. Teroita niitä alinomaa lastesi mieleen ja puhu niistä, olitpa kotona tai matkalla, makuulla tai jalkeilla."* (5. Moos. 6:6, 7).

Lasaruksen koti oli Betaniassaa Jerusalemin itäpuolella. Jeesus vieraili usein tässä ystävällisessä ja vieraanvaraisessa kodissa. Sitten Lasarus sairastui ja kuoli. Jeesus ei mennyt heti hänen kotiinsa vaan vasta neljän päivän kuluttua. Hän halusi tällä viivytyksellä osoittaa jumalallisen voimansa. Hän todisti Lasaruksen kuolleista herättämisellä olevansa ylösnousemus ja elämä. Hänellä on kuoleman ja tuonelan avaimet. Takaisin tullessaan Jeesus herättää kaikki uskossa kuolleet samalla jumalallisella voimallaan. *"Jeesus sanoi: "Veljesi nousee kuolleista."* *Martta vastasi: "Tiedän kyllä, että hän nousee viimeisenä päivänä, ylösnousemuksessa."* *Jeesus sanoi: "Minä olen ylösnousemus ja elämä. Joka uskoo minuun, saa elää, vaikka kuoleekin, eikä yksikään, joka elää ja uskoo minuun, ikinä kuole. Uskotko tämän?"* (Joh. 11:23–26).

Sakkeus oli Jerikosta kotoisin oleva rikas tullimiesten päällikkö, joka oli maamiestensä halveksima suuren omaisuuden veronkannolla hankkinut publikaani. Jeesuksen kulkiessa paikkakunnan kautta viimeisellä matkallaan Jerusalemiin Sakkeus nousi puuhun saadakseen nähdä hänet, sillä hän oli lyhytkasvuinen ja hän oli kuullut Jeesuksesta. Kun Jeesus näki hänet ja tuli hänen kotiinsa, Sakkeus koki Jumalan armon ja teki täydellisen parannuksen elämässään. *"Sen kuultuaan Jeesus sanoi häneen viitaten: "Tänään on pelastus tullut tämän perheen osaksi. Onhan hänkin Abrahamin poika. Juuri sitä, mikä on kadonnut, Ihmisen Poika on tullut etsimään ja pelastamaan."* (Luuk. 19:9, 10).

Kertomus lainopettajien aviorikoksesta syyttämästä ja kivitettäväksi tuomitsemasta naisesta kertoo Jeesuksen syntistä ihmistä kohtaan osoittamasta rakkaudesta, armosta ja lähimmäisten tuomitsemisesta. Syntisestä naisesta tuli Jeesuksen uskollisimpia seuraajia. Fariseukset ja lainopettajat esittävät pitävänsä Jeesusta auktoriteettina ja kysyvät häneltä neuvoa kivitettäväksi tuomitusta syntisestä naisesta. Todellisuudessa he halusivat saada Jeesuksen kiinni sanomasta jotakin, josta häntä voisi syyttää. Jeesus kuitenkin pysyi rauhallisena ja paljasti heidän tekopyhyytensä. Lainopettajia kuunnellessaan Jeesus kumartui ja kirjoitti sormellaan heidän syntinsä maahan. He näkivät maassa syntinsä itse kukin ja poistuivat häpeissään yksitellen. *"Se teistä, joka ei ole tehnyt syntiä, heittäköön ensimmäisen kiven."* Jeesuksen sanat kuultuaan he lähtivät pois yksi toisensa jälkeen, - Jeesus sanoi: "En tuomitse minäkään. Mene, äläkä enää tee syntiä."* (Joh. 8:7-11). *"Älkää tuomitko, ettei teitä tuomittaisi."* (Matt. 7:1).

Syntinen Maria voiteli Jeesuksen jalat fariseus Simonin talossa hyvin kalliilla tuoksuöljyllä. Tämä rakkauden teko Jeesukselle kertoo syntinsä anteeksisaaneen ihmisen suuresta rakkaudesta Jeesukseen ja on esimerkkinä kaikille ihmisille tässä elämässä ja kautta ikuisuuksien. *"Hän teki minkä voi. Hän voiteli edeltä käsin minun ruumiini hautaamista varten. Totisesti: kaikkialla maailmassa, missä ikinä evankeliumin sanoma julistetaan, tullaan muistamaan myös tämä nainen ja kertomaan, mitä hän teki."* (Mark. 14:8, 9).

Jeesus pesi ehtoollisella opetuslasten jalat. Hän halusi sillä opettaa lähimmäisten palvelemisen nöyryyttä. Hän asetti sen myös synnistä puhdistautumisen merkiksi ehtoollista edeltävänä toimituksena. Hän antoi meille esikuvan jalkojen pesemisen tärkeydestä. Se on annettu meille kuuliaisuuden kokeeksi. Se on myös nöyryyden osoitus samanarvoisuudesta. Kasteessa meidät pestään puhtaaksi synnistä upottamalla veteen ja voimme aloittaa uuden elämän puhtaalta pöydältä ja jalkojen pesussa uudistetaan kaste pienoiskoossa kerääntyneistä synneistä. Kaste suoritetaan kerran ja jalkojen pesu ehtoollista edeltävänä toimituksena, jotta olisimme puhtaita synnistä osallistuessamme siihen. *"Jos nyt minä, teidän herranne ja opettajanne, olen pessyt teidän jalkanne, tulee myös teidän pestä toistenne jalat. Minä annoin teille esimerkin, jotta tekisitte saman minkä minä tein teille. Totisesti, totisesti: ei palvelija ole herraansa suurempi eikä lähettiläs lähettäjäänsä suurempi. Kun te tämän tiedätte ja myös toimitte sen mukaisesti, te olette autuaat."* (Joh. 13:14-17).

Jeesus asetti ehtoollisen kuolemansa muistoksi, jossa leipä kuvasi vertauskuvallisesti Jeesuksen ruumista ja viini samoin hänen vertaansa. Jeesus asetti pääsiäisen tilalle ehtoollisen muistuttamaan hänen suurta uhriaan. Pääsiäinenhän oli israelilaisille Egyptin orjuudesta vapautumisen juhla, joten ehtoollinen kuvaa näin ollen synnin orjuudesta vapautumista. Ehtoollinen on siis synnistä vapautumisen muistojuhla. Ehtoollinen on ilojuhla, johon jokaisen kristityn pitäisi osallistua, koska siinä juhlitaan Kristuksen hankkimaan lunastusta ja synnistä vapautumista. *"Olen saanut Herralta tiedoksi tämän, minkä olen myös opettanut teille: Herra Jeesus sinä yönä, jona hänet kavallettiin, otti leivän, kiitti Jumalaa, mursi leivän ja sanoi: "Tämä on minun ruumiini, joka annetaan teidän puolestanne. Tehkää tämä minun muistokseni." Samoin hän otti aterian jälkeen maljan ja sanoi: "Tämä malja on uusi liitto minun veressäni. Niin usein kuin siitä juotte, tehkää se minun muistokseni."* (1. Kor. 11:23-25).

Jeesuksen hirvittävin kiusaus tapahtui Getsemanessa ennen hänen vangitsemistaan. Ihmiskunnan synti erotti hänet Jumalasta. Hän oli kuoleman tuskassa ja rukoili, koska ihmiskunnan pelastus oli hänen käsissään. Hän antautui täysin Jumalan tahtoon. *"Isä, jos tahdot, niin ota tämä malja minulta pois. Mutta älköön toteutuko minun tahtoni, vaan sinun." Silloin taivaasta ilmestyi hänelle enkeli, joka vahvisti häntä. Suuressa tuskassaan Jeesus rukoili yhä kiihkeämmin, niin että hänen hikensä vuoti maahan veripisaroiden tavoin. Jeesuksen kuulustelussa Paholainen teki kaikkensa pappien ja vanhinten kautta saadakseen Jeesuksen näyttämään jumalallisen voimansa vapauttaakseen itsensä, jotta Jumalan pelastussuunnitelma epäonnistuisi. Jeesus esiintyi nöyränä Pilatuksen edessä taivaan valo kasvoillaan."* (Luuk. 22:42-44).

Luku 14
Jeesuksen kavaltaja
Juudas – – Stefanus

Monet hallitusmiehistä uskoivat Jeesukseen ja siksi papit ja vanhimmat pelkäsivät, että koko kansa alkaisi uskoa Jeesukseen ja tämä johtaisi heidän asemansa väheksymiseen. Juudas oli yksi Jeesuksen opetuslapsista. Paholainen tunsi Juudaksen luonteen ja onnistui saamaan hänet kavaltamaan Jeesuksen ylipapeille ja vanhimmille, koska Juudas oli rahanahne. Jeesus teki kaikkensa saadakseen Juudaksen luopumaan teostaan. *"Jeesuksen vielä puhuessa tuli Juudas, yksi kahdestatoista opetuslapsesta, ja hänen kanssaan miekoin ja seipäin aseistautunut suuri miesjoukko, jonka ylipapit ja kansan vanhimmat olivat lähettäneet. Jeesuksen kavaltaja oli sopinut miesten kanssa merkistä: "Se on se mies, jota minä suutelen. Ottakaa hänet kiinni."* (Matt. 26:47, 48).

Jeesuksen kuulustelussa paholainen teki kaikkensa pappien ja vanhinten kautta saadakseen Jeesuksen näyttämään jumalallisen voimansa vapauttaakseen itsensä, jotta Jumalan pelastussuunnitelma epäonnistuisi. Jeesus kuitenkin esiintyi nöyränä Pilatuksen edessä taivaan valo kasvoillaan eikä paholaisen yritykset onnistuneet. *"Juutalaiset huusivat: "Pois! Pois! Ristiinnaulitse hänet!" Pilatus sanoi heille: "Pitääkö minun ristiinnaulita teidän kuninkaanne?" Mutta ylipapit vastasivat: "Ei meillä ole muuta kuningasta kuin keisari." Silloin Pilatus heidän vaatimuksestaan luovutti Jeesuksen ristiinnaulittavaksi."* (Joh. 19:15, 16).

Jeesus joutui runneltuna ja kaatuillen kantamaan ristinsä. Lopulta hän kaatui maahan voimattomana ja Simon kyreneläinen pakotettiin kantamaan Jeesuksen ristiä. Simon ei ollut koskaan kohdannut Jeesusta, mutta hänen poikansa olivat Jeesuksen opetuslapsia. *"Jeesuksen ristiä kantamaan he pakottivat erään ohikulkijan, kyreneläisen Simonin, Aleksandroksen ja Rufuksen isän, joka oli tulossa kaupunkiin. He veivät Jeesuksen paikkaan, jonka nimi on Golgata, käännettynä Pääkallonpaikka."* (Mark. 15:21, 22).

Jeesus ristiinnaulittiin kahden rikollisen väliin. Molemmat herjasivat Jeesusta, mutta toinen ei ollut täysin paatunut. Pyhä henki valaisi hänen mielensä ja hän antoi itsensä Jumalalle. Tämä esikuvaa maailman ihmisten kahta joukkoa, joista toinen pelastuu ja toinen ei pelastu. Alla olevassa raamatunjakeessa on käännösvirhe. Muiden raamatuntekstien perusteella Jeesus ei mennyt samana päivänä paratiisiin. Kuolleet herätetään vasta Jeesuksen takaisin tullessa ja viedään paratiisiin. *"Ja hän sanoi: "Jeesus, muista minua, kun tulet valtakuntaasi." Jeesus vastasi: "Totisesti: jo tänään olet minun kanssani paratiisissa."* (Luuk. 23:42, 43*). "Jos kerran Jeesus on kuollut ja noussut kuolleista, niin kuin me uskomme, silloin Jumala myös on Jeesuksen tullessa tuova poisnukkuneet elämään yhdessä hänen kanssaan".* (1. Tess. 4:14).

Jumalan poika kuoli ristillä ja sovitti kuolemallaan jokaisen ihmisen synnit, joka ottaa vastaan uskon kautta hänen sovituksensa. Jeesus täytti tehtävänsä eikä antanut periksi saatanalle, vaikka hänen tuskansa olivat suuret. Hänen henkiset tuskansa olivat paljon suuremmat. Hänen vastuullaan oli koko ihmiskunnan pelastus. Ihmiskunta pelastui tämän miehen kautta. Profeetta Daniel oli kirjoittanut tämän tapahtuvan vuonna 31 jKr. ja se toteutui täsmälleen. *"Jeesus tiesi, että kaikki oli nyt saatettu päätökseen. Jotta kirjoitus kävisi kaikessa toteen, hän sanoi: "Minun on jano." - - Jeesus joi viinin ja sanoi: "Se on täytetty." Hän kallisti päänsä ja antoi henkensä."* (Joh. 19:28, 30).

Jeesuksen kuollessa tapahtui yliluonnollisia luonnon ilmiöitä, jotka saivat roomalaisetkin sotilaat tunnustamaan Jeesuksen jumaluuden. Jopa kuolleitakin nousi haudoistaan ja näyttäytyi monille. Kun Jeesus kuoli, niin sotilaatkin, jotka vartoivat ristillä olevia, tunnustivat Jeesuksen jumaluuden. *"Sillä hetkellä temppelin väliverho repesi kahtia, ylhäältä alas asti. Maa vavahteli, kalliot halkeilivat, haudat aukenivat, ja monien poisnukkuneiden pyhien ruumiit nousivat ylös. - - Kun sadanpäällikkö ja miehet, jotka hänen kanssaan vartioivat Jeesusta, näkivät maan vavahtelun ja kaiken, mitä tapahtui, he pelästyivät suunniltaan ja sanoivat: "Tämä oli todella Jumalan Poika!"* (Matt. 27:51, 52, 54).

Kun Jeesuksen kuollessa herätettiin ihmisiä kuolleista, ymmärretään, että heitä on taivaassa tällä hetkellä Henokin, Mooseksen ja Elian lisäksi ihmiskunnan edustajina yhteensä 24 ihmistä enkelien kanssa palvomassa Jeesusta. *"Haudat aukenivat, ja monien poisnukkuneiden pyhien ruumiit nousivat ylös."* (Matt. 17:52). *"Tämän valtaistuimen ympärillä oli kaksikymmentäneljä valtaistuinta, ja niillä istui kaksikymmentäneljä vanhinta, joilla oli yllään valkeat vaatteet ja päässään kultaseppele."* (Ilm. 4:4).

Jeesus haudattiin pitkäperjantaina. Sapatin eli lauantain hän lepäsi haudassa ja nousi ylös kolmantena päivänä eli sunnuntaina, niin kuin hän oli ennen kuolemaansa ilmoittanut. Jeesus toteutti näin myös kuolleessaan sapattikäskyn. *"Silloin Jeesus sanoi hänelle: "Maria." Maria kääntyi ja sanoi: "Rabbuuni!" - se on hepreaa ja merkitsee: opettajani. Jeesus sanoi: "Älä koske minuun. Minä en vielä ole noussut Isän luo. Mene sinä viemään sanaa veljilleni ja sano heille, että minä nousen oman Isäni ja teidän Isänne luo, oman Jumalani ja teidän Jumalanne luo."* (Joh. 20:16, 17).

Ylösnousemuksen jälkeen Jeesus viipyi opetuslasten luona 40 päivää selittäen ja avaten heille täydellisemmin kirjoituksia, mitä hänestä oli kirjoitettu. Hän näyttäytyi ennen taivaaseen astumistaan vuorella yhtaikaa noin 500 henkilölle. *"Jeesus sanoi heille: "Tätä minä tarkoitin, kun ollessani vielä teidän kanssanne puhuin teille. Kaiken sen tuli käydä toteen, mitä Mooseksen laissa, profeettojen kirjoissa ja psalmeissa on minusta kirjoitettu." Nyt hän avasi heidän mielensä ymmärtämään kirjoitukset."* (Luuk. 24:44, 45).

Ennen taivaaseen astumistaan Jeesus antoi opetuslapsilleen ja kaikille seuraajilleen lähetyskäskyn jatkaa hänen työtään aina maailman loppuun asti. Näin me saamme olla mukana jatkamassa Jeesuksen aloittamaa pelastustyötä. Se on taivaan silmissä arvokkainta työtä, mitä ihminen voi tehdä lähimmäistensä hyväksi. *"Jeesus tuli heidän luokseen ja puhui heille näin: "Minulle on annettu kaikki valta taivaassa ja maan päällä. Menkää siis ja tehkää kaikki kansat minun opetuslapsikseni: kastakaa heitä Isän ja Pojan ja Pyhän Hengen nimeen ja opettakaa heitä noudattamaan kaikkea, mitä minä olen käskenyt teidän noudattaa. Ja katso, minä olen teidän kanssanne kaikki päivät maailman loppuun asti."* (Matt. 28:18–20).

40 päivän kuluttua ylösnousemuksesta Jeesus nousi taivaaseen antaen samalla esikuvan toisesta tulemuksestaan. Hän tulee takaisin samalla tavalla. Paholainen yrittää jäljitellä Jeesuksen takaisintuloa historian lopussa eksyttämistarkoituksessa. Se on voittamaton eksytys niille, jotka eivät usko Jeesuksen oikeata takaisintulotapaa. *"Kun hän oli sanonut tämän, he näkivät, kuinka hänet otettiin ylös, ja pilvi vei hänet heidän näkyvistään. Ja kun he Jeesuksen etääntyessä vielä tähysivät taivaalle, heidän vieressään seisoi yhtäkkiä kaksi valkopukuista miestä. Nämä sanoivat: "Galilean miehet, mitä te siinä seisotte katselemassa taivaalle? Tämä Jeesus, joka otettiin teidän luotanne taivaaseen, tulee kerran takaisin, sa-*

malla tavoin kuin näitte hänen taivaaseen menevän." (Ap. t. 1:9-11).

Helluntaipäivänä opetuslapset saivat Jeesuksen lupaaman Pyhän Hengen vuodatuksen, jonka seurauksena koko pelastussuunnitelma avautui heille koko täyteydessään. He lähtivät voimallisesti saarnaamaan evankeliumia. Helluntaina juutalaisia oli tullut eri maista juhliin ja he puhuivat eri kieliä. Pyhän Hengen vaikutuksesta Jumala antoi kielillä puhumisen lahjan, ja opetuslapset pystyivät puhumaan voimallisesti ja selvästi eri kieliä. *"Mutta minä sanon teille totuuden: teille on hyödyksi, että minä menen pois. Ellen mene, ei Puolustaja voi tulla luoksenne. Mutta mentyäni pois minä lähetän hänet luoksenne."* (Joh. 16:7). *"He tulivat täyteen Pyhää Henkeä ja alkoivat puhua eri kielillä sitä mitä Henki antoi heille puhuttavaksi."* (Ap. t. 2:4).

Kristittyjen suurin vainooja Saul oli Stefanuksen kivittämisen aikana tärkeässä asemassa neuvoston jäsenenä, jossa hän sai luottamustehtävän kristittyjen vainoamiseen. Kun hän lähti sotilaiden kanssa Damaskokseen vainoamaan kristittyjä, hän kohtasi matkalla Kristuksen ja tajusi toimineensa saatanan työtoverina. Nyt hänelle valkenivat kirjoitukset ja hän ymmärsi, että Jeesus oli luvattu Messias. *"Matkalla, Saulin ollessa jo lähellä Damaskosta, taivaasta leimahti yhtäkkiä valo hänen ympärilleen. Hän kaatui maahan ja kuuli äänen sanovan: "Saul, Saul, miksi vainoat minua?" Hän kysyi: "Herra, kuka sinä olet?" Ääni vastasi: "Minä olen Jeesus, jota sinä vainoat."* (Ap. t. 9:3-5).

Damaskoksessa Herra ilmestyi opetuslapsi Ananiakselle ja kertoi hänelle valinneensa Saulin eli Paavalin evankeliumin suureksi julistajaksi Israelissa ja pakanamaissa. Näin Jumalan armo kohtasi syntisistä suurimman niin kuin Paavali itse tunnustaa. Paavalista tulikin suuri lähetyssaarnaaja. *"Mutta Herra sanoi hänelle: "Mene, minä olen valinnut hänet aseek-*

seni, tunnustamaan nimeäni maailman kansojen ja kuninkaiden ja myös Israelin kansan edessä. Minä tulen osoittamaan hänelle, että hän joutuu paljon kärsimään minun nimeni tähden." (Ap. t. 9:15, 16).

Sadanpäällikkö Cornelius Kesareassa oli omaksunut uskon Israelin Jumalaan. Hän oli hurskas ja hyväsydäminen ja piti koko perheväkensä Jumalan pelossa. Hän sai Jumalalta käskyn vierailla Pietarin luona. Pietarille annettiin silloin näky siitä, että pakanatkin ovat osallisia Jumalan valtakunnasta. Tämä herätti veljissä aluksi hämmästystä ja suuttumusta, mutta Pietarin todistus asiasta muuttui Jumalan ylistykseksi, koska näin pakanatkin olivat yhdenvertaisia heidän kanssaan pelastuksen suhteen. *"Hän näki taivaan avoinna, ja taivaasta tuli alas ikään kuin suuri purjekangas, joka laskettiin maahan neljästä kulmastaan kannateltuna. Siinä oli kaikenlaisia maan eläimiä, nelijalkaisia ja matelijoita, sekä taivaan lintuja."* (Ap. t. 10:11, 12). *"Pietari rupesi puhumaan. Hän sanoi: "Nyt minä todella käsitän, ettei Jumala erottele ihmisiä."* (Ap. t. 10:34).

Dan. 9:24 mukaan Israelin kansan etsikkoaika päättyi vuonna 34 jKr., kun diakoni Stefanus kivitettiin. Stefaanus oli yksi opetuslasten valitsemista diakoneista. Paavali ja Barnabas kertoivat tästä suuresta uutisesta juutalaisille, että pakanatkin ovat osallisia Jumalan valtakunnasta. He eivät aluksi voineet uskoa siihen, mutta uskoivat myöhemmin Paavalin todistuksen vaikutuksesta ja iloitsivat siitä. Paavalia nimitetäänkin monien lähetysmatkojensa ansiosta pakanain apostoliksi. Näin tästä kristittyjen vainoojasta tulikin juutalaisten kiihkeä vihan kohde. *"Tämän takia minä sanon teille, että Jumalan valtakunta otetaan teiltä pois ja annetaan kansalle, joka tekee sen hedelmiä."* (Matt. 21:43). *"Silloin Paavali ja Barnabas sanoivat heille suorat sanat: "Kaikkein ensimmäiseksi Jumalan sana oli julistettava teille. Mutta koska te torjutte sen ettekä pidä itseänne iankaikkisen elä-*

män arvoisina, me käännymme pakanoiden puoleen." (Ap. t. 13:46).

Luku 15
Apostoli Johannes –
– Pettymys

Apostoli Johannes, joka oli Jeesukselle rakas opetuslapsi, joutui uskonsa takia vangiksi Patmos-saarelle. Siellä hän sai Jeesukselta lopun ajan tärkeimmän ilmestyksen ihmiskunnan tulevaisuudesta aina uuteen maahan asti. Hän näki Jeesuksen kultaisten lampunjalkain keskellä taivaan pyhäkössä. Hän kirjoitti tämän näyn Raamattuun Ilmestyskirjana. Se on koko Raamatun kruunu. *"Jeesuksen Kristuksen ilmestys, jonka Jumala antoi hänelle näyttääkseen palvelijoilleen, mitä pian on tapahtuva. Jumala lähetti enkelinsä ja ilmoitti kaiken tämän palvelijalleen Johannekselle, joka nyt omalla todistuksellaan vahvistaa Jumalan sanan ja Jeesuksen Kristuksen todistuksen, kaiken minkä on nähnyt."* (Ilm. 1:1, 2).

Kun Paholainen ei onnistunut Jeesuksen lunastustyön mitätöimisessä, hän ryhtyi vainoamaan Jumalan kansaa aluksi pakanallisen Rooman kautta. Kristityt joutuivat pakenemaan katakombeihin ja muihin piilopaikkoihin. Monia kristittyjä heitettiin mm. Colosseumilla leijonien ruuaksi. *"Kun lohikäärme huomasi, että se oli syösty maahan, se lähti ajamaan takaa naista, joka oli pojan synnyttänyt."* (Ilm. 12:13).

Kristityt joutuivat lopulta pakenemaan vuoristoihin ja muille harvaan asutuille seuduille, jossa he joutuivat piiloutumaan koko paavin vallan vainon ajan 538–1798 (3,5 v. = 1260 vuotta). Paavin vallan harjoittaman Inkvisitiolaitoksen kautta surmattiin pimeänä keskiaikana miljoonia kristittyä toisin ajattelevina. *"Mutta naiselle annettiin suuren kotkan siivet, jotta hän lentäisi turvapaikkaansa autiomaahan. Siellä hän on suojassa käärmeeltä, ja hänestä pidetään huolta vuosi, kaksi vuotta ja puoli vuotta".* (Ilm. 12:14).

Kun paholainen ei onnistunut tuhoamaan kristittyjä, hän alkoi sekoittaa pakanuutta kristinuskoon paavinvallan myötävaikutuksella. Ilmankos Martti Luther ja muut uskonpuhdistajat löysivät paavinvallan opetuksista Raamatun vastaisia oppeja ja alkoi uskonpuhdistus. *"Hän, Vastustaja, korottaa itsensä kaiken jumalana pidetyn yläpuolelle, asettuu itse istumaan Jumalan temppeliin ja julistaa olevansa Jumala."* (2. Tess. 2:4). *"Minä näin naisen, joka istui helakanpunaisen pedon selässä. Peto oli yltympäri täynnä siihen kirjoitettuja herjaavia nimiä, ja sillä oli seitsemän päätä ja kymmenen sarvea".* (Ilm. 17:3).

Paavinvallan vastustajia alkoi nousta eri puolilla maailmaa. 1400-luvulla vaikuttivat tshekkiläinen Huss ja englantilainen Hieronymus, jotka liittyivät myöhemmin yhteen. Heidät poltettiin roviolla uskonsa tähden, ja tuhka heitettiin Reiniin. *"Kun Karitsa avasi viidennen sinetin, näin alttarin alla niiden sielut, jotka oli tapettu Jumalan sanan ja oman todistuksensa tähden. Ne huusivat kovalla äänellä: "Kuinka kauan kestää, Valtias, sinä Pyhä ja Tosi, ennen kuin lausut tuomiosi ja kostat meidän veremme maan asukkaille."* (Ilm.6:9, 10)?

Paavinvallan vainon aikaa (538–1798) pimeänä keskiaikana lyhennettiin kristittyjen kärsimyksien takia ja alkoi uskonpuhdistuksen aikakausi. Tunnetuin uskonpuhdistajista oli saksalainen tohtori Martti Luther 1500-luvulla. Hän naulasi Wittenbergin kirkon oveen 95 teesiä aneoppia vastaan. Sieltä ne levisivät pian koko Eurooppaan. *"Jos sitä aikaa ei lyhennettäisi, yksikään ihminen ei säästyisi. Mutta valittujen tähden se aika lyhennetään."* (Matt. 24:22).

1750-luvun jälkeen Jumala antoi kansalleen lohdutukseksi ja merkiksi erilaisia taivaan merkkejä kertomaan lopun ajan alkamisesta: Lissabonin maajäristys 1.11.1755, pimeä päivä 19.5.1780 ja tähtisade 13.11.1833. Nämä ovat historiallisia tapahtumia ja niistä on kerrottu eri tietolähteissä. *"Minä näin, kuinka Karitsa avasi kuudennen sinetin. Maa järkkyi ja vavahteli, aurinko pimeni mustaksi kuin suruvaate, ja kuu muuttui kauttaaltaan verenpunaiseksi. Taivaan tähdet putosivat maahan, niin kuin viikunat varisevat puusta myrskyn sitä ravistellessa."* (Ilm. 6:12, 13).

Paholaisen seuraava yritys hävittää kristinusko oli Ranskan vallankumous 1793–1797, jolloin kristinusko kiellettiin, Raamattuja poltettiin, ja siveetöntä naista palvottiin järjen jumalattarena. Sieltä sai alkunsa laajalle levinnyt ateismi, josta tuli uskonnon korvike. *"Kun he ovat päättäneet todistajantyönsä, käy syvyydestä nouseva peto taisteluun heitä vastaan, ja se voittaa heidät ja tappaa heidät. Heidän ruumiinsa lojuvat sen suuren kaupungin kadulla, jota profeettojen puheissa kutsutaan Sodomaksi ja Egyptiksi ja jossa heidän Herransa ristiinnaulittiin."* (Ilm. 11:7, 8).

1800-luvun alkupuolella alettiin tutkia Danielin kirjan 8:14 ennustusta ja sen perusteella odotettiin Jeesuksen tulevan takaisin vuonna 1844. Tämä johti suureen herätykseen maailmassa. *"Toinen vastasi: "Niin kauan, että kaksituhatta kolmesataa iltaa ja aamua on kulunut; sitten nousee pyhäkkö taas kunniaan."* - - *Hän sanoi: "Katso, minä teen sinulle tiettäväksi, mitä on tapahtuva vihan ajan lopussa, sillä näky koskee lopun aikaa. - - Ja näky illoista ja aamuista, jonka sait, on tosi. Mutta pidä salassa se näky, sillä se koskee tulevia päiviä."* (Dan. 8:14, 19, 26).

Tapahtui suuri pettymys, Jeesus ei tullutkaan takaisin. Rukoileminen ja tarkempi Raamatun tutkiminen osoitti, että taivaassa alkoi tuomion aika. Tämä Jeesuksen odotus ja pettymys oli jumalallinen suunnitelma, jotta tuomion aikaan taivaallisessa pyhäkössä kiinnitettäisiin huomiota. Oli kysymys erittäin tärkeästä Raamatun totuudesta. *"Minä näin taas uuden enkelin, joka lensi korkealla taivaan laella. Hänen tehtävänään oli julistaa ikuinen evankeliumi maan asukkaille, kaikille kansoille, heimoille, kielille ja maille. Hän kuulutti kovalla äänellä: "Pelätkää Jumalaa ja antakaa hänelle kunnia – hänen tuomionsa aika on tullut!"* (Ilm. 14:6, 7). *"Lohikäärmeen raivo yltyi, ja se lähti sotimaan naisen muita lapsia vastaan, niitä, jotka ovat uskollisia Jumalan käskyille ja Jeesuksen todistukselle."* (Ilm. 12:17).

Luku 16
Jumalan viimeinen armonsanoma

Jumala on sanassaan luvannut lähettää jälleen profeetta Elian eli nykyaikana seurakunnan valmistamaan Eliaan hengessä kansaansa Jeesuksen toista tulemista varten. Tämän seurakunnan toiminta ja julistus löytyy Ilm. 14. luvusta kolmen enkelin sanomana, joka perustuu Ellen Whiten toimintaan, kirjallisuuteen ja näkyihin. Hän nimittää itseään sanansaattajaksi. *"Kuulkaa! Ennen kuin tulee Herran päivä, suuri ja pelottava, minä lähetän teille profeetta Elian. Hän kääntää isien sydämet lasten puoleen ja lasten sydämet isien puoleen. Silloin en tuomitse maata perikatoon, kun tulen."* (Mal. 3:23, 24). *"Minä lähetän sanansaattajani raivaamaan edelläni tietä. Ja aivan äkkiä tulee temppeliinsä Valtias, jota te odotatte, ja Liiton enkeli, jota te kaipaatte. Hän saapuu, sanoo Herra Sebaot."* (Mal. 3:1).

Ilmestyskirjan 14. luvussa on kuvaus Elian sanomasta eli Jumalan viimeisestä armonsanomasta ja niistä, jotka ottavat tämän sanoman vastaan tai hylkäävät sen. Tätä sanomaa nimitetään kolmen enkelin sanomaksi. Sen tarkoituksena on puhdistaa ihmiset kaikista vääristä hengellisistä opeista ja valmistaa heidät Jeesuksen takaisintuloa varten. Kolmen enkelin sanoma on siten ensisijaisesti Jumalan muuttumaton evankeliumi, ilosanoma Kristuksen äärettömästä rakkaudesta ja hänen suuresta uhristaan meidän syntiemme tähden. Ihmisen pelastus rakentuu täysin Kristuksen sovitustyön, hänen suuren uhrinsa ja Jumalan etsivän rakkauden varaan. Kolmen enkelin sanoman tarkoituksena on johdattaa ihmiset Jeesuksen Kristuksen luo. Enkeli erityisesti julistaa, että se on tarkoitettu julistettavaksi kaikille ihmisille. Sen perustana on Jumalan käskyjen pitäminen ja usko Jeesukseen. Tämän sanoman julistus alkoi Dan. 8:14 ennustuksen mukaan syksyllä 1844 Yhdysvalloista, uskonnon vapauden maasta ja on sieltä levinnyt kaikkialle maailmaan. *"Minä näin taas uuden enkelin, joka lensi korkealla taivaan laella. Hänen tehtävänään oli julistaa ikuinen evankeliumi maan asukkaille."* (Ilm. 14:6). *"Minulla on myös muita lampaita, sellaisia, jotka eivät ole tästä tarhasta, ja niitäkin minun tulee paimentaa. Ne kuulevat minun ääneni, ja niin on oleva yksi lauma ja yksi paimen."* (Joh. 10:16).

Ensimmäinen enkeli julistaa erityisesti, että tämä sanoma on iankaikkista evankeliumia Jeesuksen rakkaudesta syntistä ihmistä kohtaan. Hän julistaa edelleen tuomion ajan ajankohtaisuutta. Kun enkeli julistaa, että tuomion hetki on tullut, siinä korostuu voimakkaasti se piirre, että tuomiota käydään parasta aikaa taivaan saleissa. Ihmiset elävät silloin vielä maan päällä ja heidät koetetaan tehdä tietoisiksi ajan vakavuudesta. Enkeli ei siis julista, että tuomion aika tulee pian tai että se on lähellä, vaan että se on jo tullut. Samalla enkeli korosti Jumalan kunnioittamista Luojana. Jumala sääti luomistöittensä muistoksi lepopäivän. Sen viettämisen perusteena esitetään tiedon säilyminen Jumalan luomistöistä ihmisten mielissä. Jumalan kumartaminen luojana on siis sapatin vastaanottamista ja pitämistä Jumalan luomistyön muistomerkkinä. Tämä enkelin julistus täyttää näin yksityiskohtaisesti Jumalan laissa olevan lepopäiväkäskyn. *"Hän kuulutti kovalla äänellä: "Pelätkää Jumalaa ja antakaa hänelle kunnia – hänen tuomionsa aika on tullut! Kumartakaa häntä, joka on luonut taivaan, maan ja meren ja vesien lähteet."* (Ilm.14:7.)

Toisen enkelin sanoman tehtävänä on paljastaa, missä kristilliset seurakunnat ovat luopuneet Jeesuksen uskosta ja hänen opetuksestaan. Kristilliseen kirkkoon liittyi mieleltään kääntymättömiä pakanoita jopa maallisten etujen toivossa. Pakanalliset käsitykset syrjäyttivät Jeesuksen opetukset. Raamattu käyttää Babyloniaa vertauskuvana ihmisten omista yrityksistä pelastaa itse itsensä. Babylon on näin ollen vertauskuva lopun ajan uskonnollisesta sekaannuksesta, jossa Jumalan sana on korvattu inhimillisillä traditioilla, jotka eivät perustu puhtaasti Jumalan sanaan. Babylonhan eli hepreaksi Baabel merkitsee juuri sekoittamista. *"Hänen jäljessään tuli toinen enkeli, joka kuulutti: "Kukistunut, kukistunut on suuri Babylon, tuo portto, joka iljetyksillään on vietellyt kaikki kansat juomaan vihan viiniä."* (Ilm.14:8).

Kolmas enkeli julistaa kaikkein ankarimman rangaistustuomion niille, jotka kumartavat eli tottelevat petoa ja sen kuvaa ja ottavat sen merkin. Jokaisen ajattelevan ihmisen tulisi tämän vuoksi tehdä kaikkensa saadakseen tietää, mikä on peto, pedon kuva ja merkki välttyäkseen tämän merkin ottamiselta. Mikä on tämä pedon merkki? Jumalan merkki on sapatti. (Hes. 20:12, 20). Se on Jumalan ja hänen kansansa välinen ikuinen merkki. Luonnollisesti pedon merkki on silloin sapatin korvaava lepopäivä eli sunnuntai, joka on katolisen vallan itsensä tunnustama merkki. Jumala siis ilmoittaa, mikä on hänen merkkinsä, joten annetaan pedon itse ilmoittaa oma merkkinsä. Yksi tällainen lausunto löytyy vuonna 1923 ilmestyneestä lehdestä The Chatolic Record: "Sunnuntai on meidän arvovaltamme merkki. – Kirkko on Raamatun yläpuolella, ja tämä sapatin vieton muuttaminen on tästä tosiasiasta todisteena". Pedon merkkiä ei ole vielä kenelläkään. Se että pitää sunnuntaita lepopäivänä, ei ole vielä pedon merkin ottamista. Se tulee pedon merkiksi vasta silloin, kun se säädetään pakkokeinoin yhteiskunnan lailla ja tämä tulee toteutumaan historiamme loppuvaiheessa (Ilm. 13:16). *"Näiden kahden jäljessä tuli vielä kolmas enkeli, joka kuulutti kovalla äänellä: "Se, joka kumartaa petoa ja sen kuvaa ja ottaa otsaansa tai käteensä sen merkin, joutuu yhtä lailla juomaan Jumalan vihan viiniä, joka laimentamattomana on kaadettu Jumalan vihan maljaan. Häntä kidutetaan tulessa ja rikin katkussa pyhien enkelien ja Karitsan edessä. Tulesta, joka ihmisiä kiduttaa, nousee savu aina ja ikuisesti. Heillä ei ole päivän, ei yön lepoa – ei niillä, jotka kumartavat petoa ja sen kuvaa, eikä kenelläkään, joka ottaa pedon nimen merkikseen."* (Ilm. 14:9–11).

Kolmen enkelin sanomassa pelastus on kiteytetty kahteen perusasiaan: usko Jeesukseen ja Jumalan käskyt. Ne ovat olleet voimassa alusta lähtien ja ovat yhä voimassa. Jumala lupaa kolmen enkelin sanoman vastaanottajille erityisen autuuslupauksen. Niin tärkeä on tämä sanoma, että kannattaa oman etunsa vuoksi tutustua siihen hyvin ja ennen kaikkea omaksua se sydämen asiaksi. *"Tässä kysytään pyhiltä kestävyyttä, niiltä jotka noudattavat Jumalan käskyjä ja uskovat Jeesukseen."* Minä kuulin äänen, joka sanoi: *"Kirjoita: Autuaita ne, jotka tästä lähtien kuolevat Herran omina. He ovat autuaita, sanoo Henki. He saavat levätä vaivoistaan, sillä heidän tekonsa seuraavat heitä."* (Ilm. 14:12, 13).

Luku 17
Lopunajan eksytyksiä – –
Laodikean sanoma

Ilmestyskirjan mukaan paholaisen salakavalin eksytys on sunnuntain pyhyys, jolloin Jumalan laki tulee rikotuksi. Lepopäivän muutos sapatilta sunnuntaille, pakanalliselle auringon päivälle, tapahtui keisari Konstantinuksen toimesta v. 321 jKr. annetulla sunnuntailailla. *"Kumartakaa häntä, joka on luonut taivaan, maan ja meren ja vesien lähteet."* (Ilm. 14:6). *"Totisesti: laista ei häviä yksikään kirjain, ei pieninkään piirto, ennen kuin taivas ja maa katoavat, ennen kuin kaikki on tapahtunut."* (Matt. 5:18).

Toinen lopun ajan eksytys on sielun kuolemattomuus, joka oli paholaisen ensimmäinen valhe jo paratiisista lähtien, koska se johtaa spiritismiin eli yhteyden pitoon kuolleisiin. Demonihenget tekeytyvät vainajiksi johtaakseen ihmiset uskomaan, että kuolleet ovat elossa, jolloin ne voivat eksyttää ihmisiä henkimaailman opeilla. Sielun kuolemattomuus on meidän aikanamme laajalle levinnyt spiritistinen oppi, joka on sekoittunut myös kristinuskoon. *"Elävät tietävät sen, että heidän on kuoltava, mutta kuolleet eivät tiedä mitään. Tee voimiesi mukaan se mikä tehtävissä on, sillä tuonelassa, jonne olet matkalla, ei ole tekoja, ei ajatuksia, ei tietoa, ei viisautta."* (Saarn. 9:5,10). *"Eikä ihme, tekeytyyhän itse Saatanakin valon enkeliksi. Ei siis ole mitenkään merkillistä, että hänen palvelijansa esiintyvät Ju-*

malan asian palvelijoina. He saavat tekojensa mukaisen lopun." (2. Kor. 11:14, 15).

Jumala on ilmoittanut tahtonsa vanhan liiton aikana profeettojensa kautta. Herää kysymys, onko nykyaikana myös profeettoja. Jumala lähetti Johannes Kastajan valmistamaan tietä Jeesuksen ensimmäiselle tulolle ja näin tulee tapahtumaan myös ennen hänen toista tulemustaan. Siksi uskomme, että Jumala kutsui profeetan valaisemaan Jumalan viimeistä armonsanomaa, kolmen enkelin sanomaa (Ilm. 14:6–12). Uskomme, että tämä profeetta oli Ellen White (1827–1915), jonka Jumalalta saamat näyt, elämä ja kirjoitukset ovat tästä todisteena. *"Minä lähetän sanansaattajani raivaamaan edelläni tietä. Ja aivan äkkiä tulee temppeliinsä Valtias, jota te odotatte, ja Liiton enkeli, jota te kaipaatte. Hän saapuu, sanoo Herra Sebaot."* (Mal. 3:1). *"Kuulkaa! Ennen kuin tulee Herran päivä, suuri ja pelottava, minä lähetän teille profeetta Elian."* (Mal. 3:23).

Ellen White sai Jumalalta myös terveysohjeita. Hän mm. kehottaa siirtymään lopun aikana puhtaaseen kasvisravintoon, koska eläimissä on paljon sairauksia ja ympäristömyrkkyjä. Raamatussa on Jumalan vakava varoitus erityisesti lopun aikana sian lihan syömisestä epäterveellisenä ravintona. Siksi monet kuolevat ennen aikojaan, koska he eivät noudata Raamatun antamia ruokaohjeita. *"Nuo, jotka puhdistautuvat ja valmistautuvat palvontatarhojen menoihin johtajansa ympärillä, nuo, jotka syövät kaikkea iljettävää, sian lihaa, rottia – minä tunnen heidän tekonsa ja ajatuksensa, ja he kaikki saavat loppunsa, sanoo Herra."* (Jes. 66:16, 17).

Kun Jumala antoi kolmen enkelin sanoman julistettavaksi, paholainen ryhtyi taisteluun sitä vastaan. Samaan aikaan syntyi erilaisia spiritistisiä ja hengellisiä liikkeitä sekä sai alkunsa kehitysoppi. Charles Darwin julkaisi kirjan Lajien synty 1850-luvulla. *"Iloitkaa siis, taivaat ja te taivaiden asuk-*

kaat! Mutta voi maata ja merta - Saatana on laskeutunut teidän luoksenne! Se on raivon vallassa, sillä se tietää, että sen aika on lyhyt." (Ilm. 12:12).

Myös paavinvalta koki uuden nousun vuonna 1929, kun paavit saivat Italian kanssa tehdyllä lateraanisopimuksella itsenäisen vatikaanivaltion. Paavinvalta alkoi valloittaa maailmaa entistä tehokkaammin loistollaan ja harhaopeillaan. Siksi protestantit erosivat katolisesta kirkosta ja näin myös Suomi. Uskonpuhdistuksen vaikutusvaltaisin henkilö oli Martti Luther, joka naulasi yhdeksänkymmentäviisi teesiä Wittenbergin kirkon oveen. *"Minä näin, että yksi pedon päistä oli saanut surmaniskun mutta haava oli parantunut. Koko maailma ihmetteli petoa ja lähti seuraamaan sitä, ja kaikki kumarsivat lohikäärmettä, joka oli antanut pedolle sellaisen vallan. He kumarsivat myös petoa ja sanoivat: - Kuka on pedon vertainen, kuka pystyy taistelemaan sitä vastaan."* (Ilm. 13:3, 4)

Matt. 24. luvussa Jeesus antoi monia merkkejä takaisintulonsa läheisyydestä: sotia, nälänhätää, maanjäristyksiä, laittomuutta, ahdistusta, epätoivoa, ja rakkaudettomuutta. Hän varoitti myös saatanan ja ihmisten hengellisistä petoksista. Siksi on maailmassa erilaisia seurakuntia, joissa on erilaisia oppeja ja käsityksiä. Kaikki opit on tutkittava kirjoituksista, onko asia niin. On oltava Beroialaisten kristittyjen kaltaisia (Ap. t. 17:11). *"Kun Jeesus sitten istui Öljymäellä eikä siellä ollut muita, opetuslapset tulivat hänen luokseen ja kyselivät: "Sano meille, milloin se kaikki tapahtuu. Mikä on merkkinä sinun tulostasi ja tämän maailman lopusta?" Jeesus vastasi: "Varokaa, ettei kukaan johda teitä harhaan."* (Matt. 24:3, 4). *"Minä tiedän, että lähtöni jälkeen teidän joukkoonne tulee julmia susia, jotka eivät laumaa säästä. Teidän omasta joukostanne nousee miehiä, jotka julistavat totuudenvastaisia oppeja vetääkseen opetuslapset mukaansa."* (Ap. t. 20:29, 30).

Danielin kirjassa on kirjoitettu maailmanvallat Babylonin ajasta Jeesuksen tuloon asti. Tämän ennustuksen mukaan me elämme tällä hetkellä aivan Jeesuksen tulon kynnyksellä. On hämmästyttävää todeta, miten tarkasti historia on mennyt Jumalan ilmoituksen mukaan. Tämä ennustus antaa täyden varmuuden Jumalan olemassaolosta ja Raamatun luotettavuudesta. Tämä ennustus osoittaa myös sen, että me elämme maailman historian viimeisiä päiviä. Jeesus tulee lupauksensa mukaan pian takaisin ja palauttaa ihmiskunnan siihen alkuperäiseen asemaan ja tilaan, johon se oli alun perin tarkoitettu ja luotu. Tämä on hyvin rohkaiseva ja lohduttava ennustus ja se antaa voimaa elää kaiken sen myllerryksen ja pahuuden keskellä, jossa ihmiskunta tällä hetkellä elää. *"Noiden kuninkaiden aikana on taivaan Jumala pystyttävä valtakunnan, joka ei ikinä tuhoudu, eikä sitä valtakuntaa anneta toiselle kansalle. Se murskaa lopullisesti kaikki nuo valtakunnat, ja se pysyy ikuisesti, niin kuin sinä näit, että vuoresta lähti vierimään kivi käden koskematta ja murskasi raudan, pronssin, saven, hopean ja kullan. Suuri Jumala on ilmoittanut kuninkaalle, mitä pian on tapahtuva, ja uni on tosi, ja sen selitys on oikea."* (Dan. 2:44, 45).

Ennen Jeesuksen tuloa Jumalan kansa tullaan seulomaan. Sen saa aikaan parannukseen johtava Laodikean sanoma (Ilm. 3:14–22). Monet luopuvat ja vain uskolliset pysyvät Jeesuksen yhteydessä. Laodikean sanoma edellyttää sen kokosydämistä vastaanottamista Jumalan armossa ja voimassa, koska Jumalan kansa on tämän sanoman mukaan langennut siitä alkuperäisestä ihanteesta, joka sille on annettu lopun ajan sanomana. Jumala haluaa pelastaa kansansa ja hän on antanut meille tämän sanoman. Jokaisen ihmisen on nyt nöyryttävä Jumalan edessä ja tutkittava itseään tämän sanoman kautta. Se edellyttää myös Ilmestyskirjan perusteellista tutkimista ja vastaanottamista, koska siinä Jumala antaa meille silmävoidetta nähdäksemme puutteemme ja vihollisen eksytykset lopun aikana. Laodikean sanoma on voimallisimpia Jeesuksen vetoomuksia koko Raamatussa. Se on Jumalan rakkauden sanoma Jeesusta odottavalle kansalleen. *"Laodikean seurakunnan enkelille kirjoita: "Näin sanoo Aamen, uskollinen ja luotettava todistaja, Jumalan luomakunnan alku: "Minä tiedän sinun tekosi: sinä et ole kylmä etkä kuuma. Kunpa olisitkin joko kylmä tai kuuma! Mutta sinä olet haalea, et kuuma etkä kylmä, ja siksi minä oksennan sinut suustani."* (Ilm. 3:14–16). *"Minä seison ovella ja kolkutan. Jos joku kuulee minun ääneni ja avaa oven, minä tulen hänen luokseen, ja me aterioimme yhdessä, minä ja hän."* (Ilm. 3:20).

Luku 18
Viimeisiä tapahtumia

Jumala päättää työnsä Pyhän Hengen johdossa. Paholainen synnyttää samalla väärää herätystä, josta Jeesus varoitti etukäteen. Jumala tulee lähettämään ajan lopussa ehtoosateen eli oikean herätyksen kansalleen. Jumalalla on erityinen kehotus kansalleen ennen Jeesuksen takaisintuloa. Tämä Jumalan kehotus tulee valaisemaan maan eli aiheuttamaan uudelleen helluntain tapaisen suuren herätyksen Jumalan pelastussuunnitelman päättävänä työnä. Raamattu nimittää tätä tapahtumaa myöhäissateeksi ja kevätsateeksi. Se tulee kypsyttämään viljan valmiiksi. Tämä myöhäissade, uusi helluntai, on jatkoa Ilmestyskirjan 14. luvun kolmen enkelin sanomalle, joka valmistaa ihmiskuntaa Jeesuksen takaisintulolle. Suuri valkeus, joka valaisee maan viimeisessä taistelussa, on ilmoitus Kristuksen, synneistä armahtavan Vapahtajan, vanhurskaudesta ja täydellisyydestä. Se kehottaa ihmisiä kiinnittämään katseensa häneen, joka ottaa pois heidän syntinsä välittäessään taivaallisessa pyhäkössä sen täydellisen uhrisovituksen siunauksia, mitkä hän toimitti kuollessaan ristillä. *"Sillä vääriä messiaita ja vääriä profeettoja ilmaantuu, ja he tekevät suuria tunnustekoja ja ihmeitä, niin että he johtavat, jos mahdollista, valitutkin harhaan."* (Matt. 24:24). *"Tämän jälkeen näin taas yhden enkelin tulevan alas taivaasta. Hänellä oli suuri valta, ja hänen kirkkautensa valaisi koko maan."* (Ilm. 18:1).

Ennen Jeesuksen takaisintuloa ja armon oven sulkeutumista on hyvin lyhyt sinetöimisen aika, jolloin jokainen ihminen joutuu valitsemaan ottaako hän Jumalan sinetin tai pedon merkin. Sapatti on Jumalan laissa, kymmenessä käskyssä, ilmoitettu luomisen muistomerkiksi, myös lunastuksen merkiksi eli synnin ja Egyptin vallasta vapautumisen merkiksi sekä pyhityksen merkiksi. Mielestäni nämä merkit tukevat sapatin Jumalallista arvovaltaa ja merkitystä. On vain surullista todeta, kuinka ihmiset ovat unohtaneet sapatin, vaikka Jumala opetti sitä 40 vuoden ajan Israelin autiomaavaelluksen aikana mannaihmeellä esikuvana lopunaikoja varten. Sapatti ilmaisee sen, että haluammeko palvella Jumalaa vai maailmaa. *"Ja vielä näin yhden enkelin, joka nousi idästä kantaen elävän Jumalan sinettiä. Hän huusi kovalla äänellä noille neljälle enkelille, joille oli annettu valta hävittää maata ja merta: "Älkää hävittäkö maata, älkää merta älkääkä puita, ennen kuin olemme painaneet sinetin meidän Jumalamme palvelijoiden otsaan."* (Ilm. 7:2, 3).

Paholainen tekee historiamme lopussa kaikkensa kolmen enkelin sanomaa vastaan. Uskotaan, että hänellä on vielä yksi kortti jäljellä. Se on hänen viimeisin ja suurin eksytys. Hän tulee esiintymään Kristuksena. Hän siunaa pedon ja sen kuvan kumartajia, parantaa sairaita sekä väittää siirtäneensä sapatin sunnuntaille. Tämä on voittamaton eksytys niille, jotka eivät tunne kirjoituksia. *"Jos joku silloin sanoo teille: 'Täällä on Messias', tai: 'Messias on tuolla', älkää uskoko. Sillä vääriä messiaita ja vääriä profeettoja ilmaantuu, ja he tekevät suuria tunnustekoja ja ihmeitä, niin että he johtavat, jos mahdollista, valitutkin harhaan. Tämän minä olen teille nyt ennalta ilmoittanut."* (Matt. 24:23–25).

Kun armonovi taivaassa sulkeutuu ja Jeesus poistuu taivaallisesta pyhäköstä, alkavat maan päällä ennen kokemattomat seitsemän viimeistä vitsausta. Ne kestävät lyhyen ajan ja päättyvät Jeesuksen tullessa. Se on ennenkokemattoman ahdistuksen aikaa. Jumalan omat ovat Jeesuksen ja enkelien suojeluksessa. Jumalattomille se on hirvittävää aikaa. He joutuvat kärsimään näistä vitsauksista eivätkä voi enää kääntyä Jumalan puoleen. He ovat tehneet oman ratkaisunsa. *"Minä näin taas taivaalla suuren ja ihmeellisen tunnusmerkin: seitsemän enkeliä, seitsemän vitsauksen toimeenpanijat. Nämä vitsaukset ovat viimeiset, niihin tyhjentyy Jumalan viha."* (Ilm. 15:1). *"Sen tähden häneen iskevät yhtenä ja samana päivänä kaikki hänelle langetetut vitsaukset."* (Ilm. 18:8).

Vitsaukset kohdistuvat Jumalan hyljänneisiin ihmisiin eli pedon merkin ottaneisiin ihmisiin. Jumalan omat ovat Jeesuksen ja enkelien suojeluksessa. Tosin se on heille Jaakobin ahdistuksen aikaa, jossa heidän uskoansa koetellaan. *"Ensimmäinen enkeli lähti ja tyhjensi maljansa maan päälle. Silloin tuli pahoja märkiviä haavoja niihin ihmisiin, joilla oli pedon merkki ja jotka kumarsivat sen kuvaa."* (Ilm. 16:2). *"Silloin astuu esiin Mikael, suuri enkeliruhtinas, joka seisoo kansasi suojana."* (Dan. 12:1).

Jeesuksen toinen tuleminen on maailmanhistorian suurin tapahtuma. Se on kaikkialla maailmassa näkyvä ja kuuluva tapahtuma, jonka kaikki ihmiset näkevät. Se on koko Jumalan pelastussuunnitelman päätepiste. Mikään ihmismieli ei pysty kuvaamaan tuon tapahtuman loistokkuutta. Uudessa testamentissa keskimäärin joka yhdestoista jae kertoo tästä valtavasta tapahtumasta. Siitä ovat puhuneet, julistaneet ja odottaneet profeetat kautta koko historian sieltä Raamatun alkulehdiltä asti. Se on suuri ilojuhla uskoville ihmisille, jotka ovat hartaasti odottaneet häntä, mutta kauhea paikka Jumalan hyljänneille ihmisille. On tärkätä todeta, että Jeesus ei tule maan päälle, vaan me tapaamme hänet yläilmoissa (1. Tess: 4:17). *"Sillä niin kuin salama leimahtaa idässä ja valaisee taivaan länteen asti, niin on oleva Ihmisen Pojan tulo."* (Matt. 24:27).

Jeesuksen tullessa uskovat ihmiset herätetään kuolleista.

He saavat elossa olevien uskovien ihmisten kanssa kirkastetut taivaalliset ruumiit, jossa ei ole enää mitään synnin jälkiä ja näin alkaa matka Jeesuksen kanssa taivaaseen. Enkelit tulevat kokoamaan uskovat ihmiset ja vievät heidät Jeesusta vastaan yläilmoihin, sekä elossa olevat että kuolleista herätetyt ihmiset. Sitten heidät viedään pilvivaunuissa taivaaseen. Alkaa käsittämätön avaruusmatka. *"Itse Herra laskeutuu taivaasta ylienkelin käskyhuudon kuuluessa ja Jumalan pasuunan kaikuessa, ja ensin nousevat ylös ne, jotka ovat kuolleet Kristukseen uskovina. Meidät, jotka olemme vielä elossa ja täällä jäljellä, temmataan sitten yhdessä heidän kanssaan pilvissä yläilmoihin Herraa vastaan. Näin saamme olla aina Herran kanssa."* (Tess. 4:16, 17). *"Suuren torven soidessa hän lähettää enkelinsä neljälle ilmansuunnalle kokoamaan kaikkialta, maan kaikista ääristä ne, jotka hän on valinnut"*. (Matt. 24:31). *"Minä menen valmistamaan teille sijaa mutta tulen sitten takaisin ja noudan teidät luokseni, jotta saisitte olla siellä missä minä olen."* (Joh. 14:3).

Jumalattomat ihmiset saavat surmansa Jeesuksen tullessa Kristuksen ja enkelien kirkkaudesta ja voimasta. He yrittävät piiloutua maan onkaloihin ja kallion koloihin, mutta turhaan. *"Paetkaa vuorten uumeniin, piiloutukaa maan tomuun Herran kauhistuttavan voiman tieltä, hänen ylhäisen kirkkautensa tieltä!"* (Jes. 2:8). *"ja huusivat vuorille ja kallioille: "Kaatukaa päällemme, kätkekää meidät valtaistuimella istuvan katseelta ja Karitsan vihalta! Heidän vihansa suuri päivä on tullut - kuka voi sen kestää?"* (Ilm. 6:16, 17).

Jeesuksen tulon jälkeen maa on autio ja tyhjä. Vain synnin jäljet ovat jäljellä. Pelastetut ovat taivaassa ja jumalattomat kuolleina maan päällä. Alkaa paholaisen vankeus, koska hänellä ei ole enää ketään kiusattavaa maan päällä. Hän saa vain katsella toimintansa jälkiä. *"Minä katselin ympärilleni - ei yhtään ihmistä, taivaan linnutkin olivat lentäneet pois. Minä katselin puutarhaa - se oli pelkkää aavikkoa, kaupun-*

git oli revitty maahan. Tämän kaiken oli saanut aikaan Herran hehkuva viha." (Jer. 4:25, 26).

Minä tulen pian

Luku 19
Tuhat vuotta – –
Minä tulen pian

Jeesuksen tulon jälkeen seuraa tuhannen vuoden aika, jolloin paholainen enkeleineen on sidottu olosuhteiden kahleilla tuhoutuneen maan päälle, koska maan päällä ei ole ihmisiä kiusattavana. Jumalan omat ovat taivaassa ja jumalattomat kuolleina. *"Minä näin, kuinka taivaasta tuli alas enkeli, jolla oli kädessään syvyyden avain ja isot kahleet. Hän otti kiinni lohikäärmeen, tuon muinaisaikojen käärmeen, jonka nimet ovat Paholainen ja Saatana, ja pani sen kahleisiin tuhanneksi vuodeksi, syöksi sen syvyyteen ja lukitsi ja sinetöi sen jäljestä syvyyden oven. Enää ei käärme saa johtaa kansoja harhaan, ennen kuin tuhat vuotta on tullut täyteen. Sitten se on päästettävä irti vähäksi aikaa."* (Ilm. 20:1-3).

Tuhannen vuoden aikana taivaassa olevat pelastetut tulevat tuomitsemaan jumalattomat Jumalan lain perusteella. Heidät herätetään tuhannen vuoden päätyttyä saamaan tuomionsa eli tämä tehtävä on annettu ihmisille. Koko maailmankaikkeus seuraa tätä tuomiota ja tulee vakuuttuneeksi oikeista tuomioista. Saatanan ja enkelien tuomio on moninkertainen verrattuna jumalattomien tuomioon. *"Minä näin valtaistuimia, ja niille, jotka asettuivat istuimille, annettiin tuomiovalta. Minä näin niiden sielut, jotka oli mestattu Jeesuksen todistuksen ja Jumalan sanan tähden, niiden, jotka eivät olleet kumartaneet petoa eivätkä sen kuvaa eivätkä olleet ottaneet sen merkkiä otsaansa eivätkä käteensä. He heräsivät eloon ja hallitsivat yhdessä Kristuksen kanssa tuhat vuotta. Muut kuolleet eivät heränneet eloon, ennen kuin tuhat vuotta oli täyttynyt."* (Ilm. 20:4, 5).

Tuhannen vuoden päätyttyä laskeutuu taivaasta maan päälle Jumalan valmistama kaupunki, uusi Jerusalem, jossa Jeesus ja kaikki pelastetut ovat hänen kanssaan. *"Yksi niistä seitsemästä enkelistä, joilla oli seitsemässä maljassaan seitsemän viimeistä vitsausta, tuli luokseni ja puhui minulle. Hän sanoi: "Tule, minä näytän sinulle morsiamen, Karitsan vaimon." Henki valtasi minut, ja enkeli vei minut suurelle ja korkealle vuorelle ja näytti minulle pyhän kaupungin, Jerusalemin, joka laskeutui taivaasta, Jumalan luota."* (Ilm. 21:9, 10).

Viimeinen tuomio tapahtuu kaikkien ihmisten ollessa yhtaikaa elossa maan päällä. Jumalan omat ovat uudessa Jerusalemissa ja jumalattomat maan päällä. Jeesus istuu valtaistuimellaan ja julistaa jumalattomille tuomion. Jumalan laki on tuomion perustana. *"Minä näin suuren valkean valtaistuimen ja sen, joka sillä istuu. Hänen kasvojensa edestä pakenivat maa ja taivas, eikä niistä jäänyt jälkeäkään. Näin myös kuolleet, suuret ja pienet, seisomassa valtaistuimen edessä. Kirjat avattiin, avattiin myös elämän kirja, ja kuolleet tuomittiin sen perusteella, mitä kirjoihin oli merkitty, kukin tekojensa mukaan."* (Ilm. 20:11, 12).

Kun jumalattomat on herätetty kuolleista ja paholainen pääsee näin vapaaksi vankeudestaan. Paholainen yllyttää heitä hyökkäämään uuteen Jerusalemiin, mutta tuli tuhoa heidät. *"Kun tuhat vuotta tulee täyteen, päästetään Saatana vankilastaan, ja se lähtee liikkeelle, kiertää maan neljä kolkkaa ja johtaa kansat harhaan. Se eksyttää niin Gogin kuin Magogin ja kokoaa kansat sotaan, ja joukkoja on kuin meren rannalla hiekkaa. Ne nousevat maan tasangolle ja saartavat pyhien leirin ja rakastetun kaupungin. Mutta taivaasta iskee tuli, ja se tuhoaa ne kaikki."* (Ilm. 20:7–9).

Jumalattomat ihmiset ja paholainen enkeleineen joutuvat kärsimään tulessa tekojensa mukaan, kunnes he ovat saaneet rangaistuksensa ja tuhoutuneet lopullisesti. Paholainen on juuri, joka palaa kauimmin ja jumalaton ihminen varsi, joka palaa tekojensa mukaan. *"Kuolema ja Tuonela heitettiin tuliseen järveen. Tämä on toinen kuolema: tulinen järvi."* (Ilm. 20:14). *"Katso, se päivä tulee liekehtivänä kuin tulinen uuni. Kaikki röyhkeät ja pahantekijät ovat silloin oljenkorsia. Se päivä tulee ja sytyttää ne liekkiin - sanoo Herra Sebaot - eikä niistä jää jäljelle juurta eikä vartta. - -"* Sinä päivänä, *jonka minä määrään, te poljette jumalattomat maahan, tallaatte heidät tomuksi, sanoo Herra Sebaot."* (Mal. 3:19, 21).

Tämä synnin seuraukset kokenut maapallo luodaan uudestaan pelastettujen kodiksi kautta ikuisuuksien. Kaikki palautetaan siihen alkuperäiseen tilaan, johon Jumala oli alun perin ihmisen ja maapallon tarkoittanut. *"Minä näin uuden taivaan ja uuden maan. Ensimmäinen taivas ja ensimmäinen maa olivat kadonneet, eikä merta ollut enää. Näin, kuinka pyhä kaupunki, uusi Jerusalem, laskeutui taivaasta Jumalan luota juhla-asuisena, niin kuin morsian, joka on kaunistettu sulhasta varten."* (Ilm. 21:1, 2).

Uuden maan ihanuutta ja onnellisuutta ei ihmismieli pysty kuvaamaan. Koko luomakunta elää ikuisesti keskinäisessä sovussa ja rakkaudessa. *"Me julistamme, niin kuin on kirjoitettu, mitä silmä ei ole nähnyt eikä korva kuullut, mitä ihminen ei ole voinut sydämessään aavistaa, minkä Jumala on valmistanut niille, jotka häntä rakastavat."* (1. Kor. 2:9). *"Silloin susi kulkee karitsan kanssa ja pantteri laskeutuu levolle vohlan viereen, vasikka ja leijonanpentu syövät yhdessä ja pikkupoika on niiden paimenena."* (Jes. 11:6).

Tästä syntisestä ja uudesti luodusta maapallosta tulee yksi maailmankaikkeuden keskuspaikka, koska Jeesus Kristus tulee asumaan siellä ihmisten kanssa. Ihmiskunta tulee olemaan erikoisasemassa Jeesuksen lunastustyön johdosta. Ketkään maailmankaikkeuden asukkaat eivät ole kokeneet niin kuin ihmiset synnin voittamista Jeesuksen veren ansiosta. *"Ja minä kuulin valtaistuimen luota voimakkaan äänen, joka sanoi: "Katso, Jumalan asuinsija ihmisten keskellä! Hän asuu heidän luonaan, ja heistä tulee hänen kansansa. Jumala itse on heidän luonaan."* (Ilm. 21:3).

Jumalan pelastussuunnitelma on viety päätökseen. Koko maailmankaikkeus tulee olemaan lopullisesti puhdas kaikesta synnistä. Suuri taistelu on päättynyt. Kaikki taivaan asukkaat tunnustavat, että Jumala on rakkaus ja että hänen tuomionsa ovat oikeat. *"Ja hän pyyhkii heidän silmistänsä joka ainoan kyyneleen. Kuolemaa ei enää ole, ei murhetta, valitusta eikä vaivaa, sillä kaikki entinen on kadonnut."* Valtaistuimella istuva lausui: *"Uudeksi minä teen kaiken."* Hän sanoi: *"Kirjoita nämä sanat muistiin. Ne ovat luotettavat ja todet."* (Ilm. 21:4, 5).

Tämä ihana tulevaisuus on luvattu jokaiselle ihmiselle, joka ottaa vastaan syntiensä sovituksen Jeesuksen ristinkuoleman kautta ja hyväksyy hänet omaksi Vapahtajakseen. Se tapahtuu yksin uskon ja henkilökohtaisen suhteen kautta. Ne Jumala antaa jokaiselle Jumalaa rakastavalle ihmiselle. *"Jumala on rakastanut maailmaa niin paljon, että antoi ainoan Poikansa, jottei yksikään, joka häneen uskoo, joutuisi kadotukseen, vaan saisi iankaikkisen elämän."* (Joh. 3:16).

Hyvän paimenen tavoin Jeesus kutsuu sinuakin tänä päivänä seuraamaan häntä taivaskotiin, koska olet hänelle hyvin kallisarvoinen ja rakas. Hän odottaa sydämesi ovella vastaustasi. Hän haluaa sinut valtakuntansa kansalaiseksi. Hän rakastaa ja arvostaa sinua. *"Minä seison ovella ja kolkutan. Jos joku kuulee minun ääneni ja avaa oven, minä tulen hänen luokseen, ja me aterioimme yhdessä, minä ja hän. "Sen, joka voittaa, minä annan istua kanssani valtaistuimellani, niin kuin minäkin olen voittoni jälkeen asettunut Isäni kanssa hänen valtaistuimelleen."* (Ilm. 3:20, 21).

Jeesuksen risti on ollut kautta koko historian aivan sieltä alusta lähtien pelastuksen perusta. Jeesus sovitti omasta tahdostaan kuolemallaan jokaisen häneen uskovan ihmisen synnit. Niin paljon hän rakasti luomaansa ihmistä. Hän ainoastaan oli arvollinen sovittamaan ihmisten synnit. Hän on meidän kiitoksemme, ylistyksemme ja palvontamme kohde kautta koko ikuisuuden. Tällainen Jumala meillä on, rakkaus vertaansa vailla. *"Ei kukaan muu voi pelastaa kuin hän. "Mitään muuta nimeä, joka meidät pelastaisi, ei ole ihmisille annettu koko taivaankannen alla."* (Ap. t. 4:12). *"Jeesus vastasi: Minä olen tie, totuus ja elämä. Ei kukaan pääse isän luo muuten kuin minun kauttani." (*Joh. 14:6).

Raamatun profeetat ovat kautta koko historian julistaneet Jeesuksen tuloa. Esim. keskimäärin joka yhdestoista jae Uudessa testamentissa kertoo Jeesuksen takaisintulosta. Raamatun ennustukset ja maailman pahuus kertovat Jeesuksen pikaisesta takaisintulosta. Jeesuksen paluu, kun hän kokoaa kansansa tämän maan päältä, on Raamatun keskeinen aihe. Se on koko Jumalan pelastussuunnitelman ja kaikkien Raamatun profetioiden lopullinen tähtäyspiste. Se on koko maailmanhistorian loistavin ja näkyvin tapahtuma. Me elämme kaikkien profetioiden perusteella tällä hetkellä aivan siellä tämän maailman päätepisteessä, aivan siellä hänen tulonsa kynnyksellä. Silloin kootaan kaikki Jeesuksen vastaanottaneet ihmiset Jumalan valtakuntaan, sekä kuolleista herätetyt että elävät. Jeesuksen pikaiseen takaisintuloon päättyy myös koko Raamattu. *"Hän, joka todistaa tämän, sanoo: "Tämä on tosi, minä tulen pian." Aamen. Tule, Herra Jeesus! Herran Jeesuksen armo olkoon kaikkien kanssa."* (Ilm. 22:20, 21).

Rukous

Rakas Jumala. Kiitämme sinua Uudesta testamentista, sen kaikista henkilöistä ja opetuksista. Eniten kiitämme Jeesuksesta, meidän parhaasta ystävästämme, vanhimmasta veljestämme, kuninkaastamme ja Vapahtajastamme. Auta meitä kaikkia näkemään oma syntisyytemme, että olemme synneillämme aiheuttaneet tuskasi Getsemanessa ja ristillä. Kiitos, että jokainen katuva syntinen voi myös kokea anteeksisaamisen ja ihanan armosi. Kiitos, että huonoin ja heikoinkin saa tulla sinun tykösi etkä lähetä ketään pois. Auta meitä seuraamaan sinua Jeesus, minne ikinä johdatkin meitä, toteuttamaan sinun tahtoasi, ja tekemään parannusta elämässämme. Jeesus kohtaa meitä kuten kohtasit Uuden testamentin miehiä ja naisia. Tee ihmeesi meidänkin elämässämme. Lahjoita meille Pyhä Henkesi. Siunaa meitä armollasi, voimallasi ja rakkaudellasi. Anna kokea läsnäoloasi, vanhurskauttasi, rauhaa ja iloa, sitä mitä Jumalan valtakunta on. Kiitos Ilmestyskirjan valtavista profetioista. Auta meitä ymmärtämään niitä, että voimme valmistautua sinun pikaiselle takaisintulollesi, jonka uskomme olevan lähellä. Jeesuksen pyhässä nimessä. Aamen.